## 1장 미리보기

- 미국과 일본을 포함한 주요국의 국가채무가 폭발적으로 늘어나면서 세계경제가 '빚'의 위기에 직면하고 있다.

- 정부가 빚으로 지출을 감당하면, 이자 부담이 미래세대의 성장 기회를 앗아가는 '채무의 덫'에 빠질 수 있다.

- 금태환제 폐기 이후 돈 찍어내기가 쉬워지면서 인플레이션은 구조적인 현실이 되었다.

- 중앙은행이 정부의 빚을 대신 떠안는 순간, 우리는 인플레이션이라는 '보이지 않는 세금'을 지불하게 된다.

**4장 | 우리나라는 얼마나 안전할까: 채무현황 분석 117**

대한민국 국가채무 증가의 역사 123
우리 앞에 놓인 위험 요인들 134
'MMT=현대통화이론'의 이해와 비판 154

**5장 | 빚에 휘둘리지 않는 나라: 해법과 제언 159**

재정총량 관리를 위하여: 재정준칙의 도입 162
의무지출 증가에 대비하여: 재원조달 방안 입법의무화 169
인구구조 변화를 감안하여: 재원배분 효율화 173
초고령사회 대응을 위하여: 복지제도의 개편 178
공유지의 비극을 방지하려면: 재정규율 권한 강화 184
지속가능한 재정을 위하여 1: 강력한 재정개혁 187
지속가능한 재정을 위하여 2: 증세 논의 188

맺음말 193
참고문헌 195
주(註) 198

# 차례

추천의 말 007

머리말 010

## 1장 | 정부 빚이 급증하면 위기가 온다: 국가채무와 경제 017

적자재정이 불러오는 인플레이션의 그림자 024

누적되는 국가채무, 잠재된 경제 리스크 031

국가채무가 크게 늘면 어떤 위기가 오는가?: 그리스의 사례 040

## 2장 | 나랏돈의 진짜 얼굴: 국가재정의 역할 043

재정은 어떻게 움직이는가 047

통합재정수지와 관리재정수지, 그 차이를 이해하다 050

국가채무(D1), 일반정부부채(D2), 공공부문부채(D3) 054

국채는 언제 발행하는가 059

우리나라 공공기관의 부채 현황 066

## 3장 | 세계를 덮친 빚 폭탄: 일본과 미국 사례 069

일본: 잃어버린 30년에서 찾은 교훈 073

미국: 기축통화국도 위협하는 국가채무 093

국채금리 급등, 왜 위험한가 114

성원 간에 적절한 협약이 존재하지 않을 경우 공유자원인 예산과 재정이 고갈될 위험성이 있는 것이다. 이것은 전 세계의 많은 국가들이 공통적으로 재정위기를 겪거나 재정건전성 악화를 경험하고 있는 이유이기도 하다. 이러한 구조적인 요인을 인식하고 재정의 지속가능성을 유지하기 위한 적극적인 제도적 장치를 빠른 시간 내에 마련해야 한다. 국가채무의 증가는 꼭 경제위기로 연결되어야만 나의 삶에 영향을 주는 것이 아니다. 채무의 급증에 따른 국채 이자율의 증가는 주택담보대출, 회사채, 신용대출 등의 금리에 영향을 주어 우리의 부담을 증가시키게 된다. 국채이자 부담의 증가는 경제성장에 투자할 재원을 축소시켜 경제성장에도 부정적인 영향을 주게 될 뿐만 아니라 소득재분배의 역할도 제대로 수행하지 못하게 되어 경제의 불평등도 악화시키는 요인이 된다. 이러한 점들이 우리가 국가채무의 증가에 관심을 가져야 하는 이유일 것이다. 이 책은 국가재정 운영의 원리와 국가채무, 인플레이션, 국채 금리, 시장금리, 자산가치의 변화 등 재정운영과 연관된 여러 가지 경제변수들 간의 흐름을 체계적으로 파악하여 경제적 통찰력을 갖는 데 도움을 줄 것으로 기대한다.

저자 **안일환**

욱 늘어날 불가피한 요인들이 산재해 있다는 점이 문제다. 무엇보다 심각한 것은 인구구조의 변화다. 고령화의 급속한 진전은 은퇴인구의 증가에 따른 연금 및 의료비 지출증가와 은퇴 후 소득감소에 따른 빈곤문제를 해결하기 위한 사회복지지출을 증가시키게 될 것이다. 소득의 양극화가 심화됨에 따라 소득재분배 문제를 해결하기 위한 사회안전망 확충을 위한 재정지출도 증가하게 될 것이다. 한편, 우리나라가 고도 성장기를 지남에 따라 잠재성장률은 점차 낮아지고 있어 재정수입의 증가율은 상대적으로 둔화되어 갈 전망이다.

이와 같은 재정지출 측면의 불가피한 수요증가 요인 외에도 재정지출을 결정하는 의사결정 체계 내에 정치적 영향이 강해지는 것도 재정적자의 유인을 확대하는 요인이 되고 있다. 최근 선거과정에서도 나타나고 있지만 복지, 사회간접자본(SOC) 등을 중심으로 한 정치인들의 공약은 천문학적인 재정지출 소요를 내포하고 있다. 집권을 위한 정치인들의 공약은 집권 후 새로운 재정지출 부담으로 작용할 것이다. 이에 반해 정치적인 부담 등을 이유로 세율인상에는 소극적이며 오히려 세금감면을 외치고 있는 것이 현실이다. 결국은 국채발행을 통해 재원을 조달함으로써 후세대에 부담을 전가하게 될 가능성이 크다.

"공유지의 비극"(The tragedy of the commons)[1]이란 용어에 내포된 개념처럼 정치인도, 관료도, 수혜자들도 재정지출 확대에만 관심을 가지는 유인구조가 지속될 경우 재정건전성은 악화되어 갈 가능성이 크다. 재정운영에 대한 적절한 모니터링 장치나 재정운영 공동체 구

어려워지고 있으며, 최근 여러 국가의 국가채무가 빠르게 늘면서 경제위기에 대한 우려도 커지고 있다는 점이다.

2020년 이후 진행된 코로나19 팬데믹을 극복하는 과정에서 세계 각국은 유례없는 '확장적인 재정정책'을 추진하였다. 이로 인해 경제위기는 점차 극복하게 되었으나 이 과정에서 국가채무가 큰 폭으로 증가하고 재정건전성이 크게 악화되었다. 경제위기 극복 이후 각국은 훼손된 재정건전성을 회복하지 못하고 있다. 특히 2008년도 글로벌 경제위기 극복 과정에서의 확장적 재정운영으로 재정건전성이 크게 악화된 상태에서 2020년 코로나19 팬데믹으로 인한 정책까지 추가되어 각국의 국가채무 비율은 크게 증가하게 되었다.

2022년 이후 인플레이션에 대한 대응으로 기준금리를 상향함에 따라 미국, 일본을 비롯한 여러 국가에서 국가채무에 대한 이자지출 비용이 급증하고 있다. 이에 더해 고령화로 인한 복지지출 확대, 전쟁의 발생으로 인한 국방비지출 확대, 녹색전환·탄소중립 추진으로 인한 투자지출 소요 등 재정지출 수요는 크게 확대되고 있는 반면, 저성장 등으로 세입기반은 넓어지지 않아 적자재정이 확대되고 국가채무가 지속적으로 증가하고 있는 것이 일반적인 추세이다. 미국을 비롯한 주요 국가들의 국가채무가 증가하고 국채 이자율이 상승하자, 이러한 국가채무의 급속한 증가가 가져올 경제위기의 위험성에 대해 IMF를 비롯한 많은 경제학자들이 경고를 보내고 있는 상황이다.

우리나라의 국가채무는 최근의 빠른 증가와 더불어 향후에도 더

머리말

# 왜 국가채무를 모르면
# 손해 보는 시대인가

"자본주의 경제는 부채 사이클(Debt Cycle)로
움직이지만 지나친 부채는 결국 위기를 부른다"

과도한 부채는 위기로 연결된다. 빚으로 호화로운 생활을 하던 가계도 채권자의 신뢰를 잃는 순간 파산으로 이어진다. 국가채무가 크게 증가해도 어느 수준까지는 운영이 가능하지만 상환능력에 대한 신뢰를 잃는 순간 경제는 위기로 치달을 것이다.

2025년 6월 미국의 국가채무는 37조 달러를 상회하고 있다. GDP대비 국가채무 비율이 제2차 세계대전 이후의 가장 높은 수준을 넘어선 것이다. 일본의 GDP대비 국가채무 비율은 250%를 넘어서고 있다. 그리스, 스페인, 이탈리아 등 남유럽 국가들도 최근 국가채무 비율이 크게 증가하였으며, 이미 2010년경 재정에서 심각한 위기를 겪은 경험이 있다. 문제는 수많은 나라의 국가채무 상황이 더

공 분야에 진출하고자 하는 인재들, 그리고 시민으로서 국가의 정책에 관심을 갖는 모든 이들이 이 책을 통해 '국가의 재정이 결국 나의 삶과 직결된 문제'임을 자각하게 되기를 기대합니다. 무엇보다 '좋은 정부, 건강한 재정'이란 무엇인지에 대한 고민을 촉발시키는 계기가 되기를 희망합니다.

저는 1999년 경실련에 '예산감시위원회'를 구성하고, 시민에 의한 예산 감시운동을 전개한 적이 있습니다. 그 과정에서 재정이 폐쇄적인 행정의 과정이나 절차가 아니라, 시민의 일상생활과 직결되어 있다는 것을 알리는 계기를 마련한 바 있습니다. 최근에는 이러한 개별 사업의 낭비적 요소를 감시하는 차원이 아니라, 국가채무란 거시적인 쟁점이 화두가 되고 있음을 중시하고 있습니다. 팬데믹 이후 전 세계적인 재정 팽창의 시대가 저물고, 구조조정과 재정건전성을 고민하는 시대로 접어들고 있습니다. 이때야말로 국가채무의 본질과 그 함의를 냉정하게 바라보고, 올바른 방향으로 나아가기 위한 사회적 합의와 지혜가 요구됩니다. 그런 의미에서 이 책은 단순한 경제 서적을 넘어, 우리 사회의 지속가능성과 정책의 윤리를 성찰하게 하는 귀한 텍스트라 할 수 있습니다. 국가의 미래를 걱정하는 모든 이들이 반드시 읽어야 할 책으로 널리 추천합니다.

마지막으로 저자가 우리 대학에 석좌교수로 근무하면서 이러한 의미있는 저서를 발간하게 된 것에 대해 축하와 감사의 말씀을 전합니다.

한경국립대학교 총장 **이원희**

재정정책을 직접 설계하고 집행한 전문가로서, 단순한 이론이나 비판을 넘어 실제 데이터와 경험에 근거한 날카로운 통찰을 제시합니다. 특히 국가채무에 대한 국내외의 인식과 통념이 어떻게 왜곡되어 왔는지를 지적하고, 그것이 국민 경제에 미치는 영향을 세심하게 분석한 부분은 매우 인상 깊습니다.

이 책의 가장 큰 미덕은 '국가채무'라는 다소 추상적이고 복잡한 주제를 일반 독자들도 이해할 수 있도록 풀어낸 저자의 서술력입니다. 어려운 경제학 용어와 수치를 친절하게 설명하며, 독자가 자연스럽게 국가재정의 기본 구조와 채무의 형성과정, 그리고 그로 인해 발생할 수 있는 위기의 가능성에 대해 스스로 고민하게 만듭니다. 동시에, 특정 정파의 시각이나 이념적 주장에 치우치지 않고 균형 잡힌 시선으로 정책의 효과와 한계를 짚어내는 저자의 태도는, 이 책을 더욱 신뢰할 수 있게 만들어줍니다.

『국가채무와 경제위기』는 학문적으로도, 정책적으로도 귀중한 시사점을 던집니다. 특히 책 후반부에 이르러 저자가 제시하는 정책 제언과 재정운영의 원칙은, 앞으로 한국 경제가 나아가야 할 방향에 대한 건설적인 토론의 출발점이 될 수 있습니다. 단기적인 지출 확대나 정치적 인기에 기반한 정책에 치우치기보다는, 장기적인 국가재정의 지속가능성을 어떻게 확보할 것인가에 대한 고민은 오늘날 우리 사회에 절실히 필요한 담론이기도 합니다.

저는 이 책이 공공정책을 준비하는 자리뿐 아니라 다양한 교육 현장에서도 널리 읽히기를 바랍니다. 미래를 준비하는 청년 세대, 공

추천의 말

## 국가채무를 이해하는 것은
## 미래를 준비하는 일이다

"우리 사회의 지속가능성과 정책의 윤리를
성찰하게 하는 귀한 텍스트"

국가의 재정운영과 채무문제는 최근 우리 사회 전체가 직면한 현실적 과제가 되고 있습니다. 전 세계적으로 고령화가 가속화되고, 복지 수요가 급증하며, 경제성장률이 둔화되는 상황에서 '국가가 얼마나, 어떻게 부채를 지고, 이를 감당할 수 있을 것인가'라는 물음은 더 이상 특정 집단의 관심사에 머무르지 않습니다. 이는 국민 모두의 삶에 직결된 문제이자, 다음 세대에게 물려줄 국가의 지속가능성과 직결된 핵심 사안입니다.

이러한 시대적 흐름 속에서 안일환 저자의 『국가채무와 경제위기』는 대단히 시의적절하고도 본질적인 질문을 던지는 책입니다. 저자는 30여 년간 대한민국 경제정책의 최전선에서 활동한 관료이자,

**일러두기**
*하나의 용어로 제시된 합성어는 가독성을 높이고자 대부분 붙여 썼습니다.

# 국가채무와 경제위기

# 국가채무와 경제위기

안일환 지음

SIGONGSA

# 영국 발이 끌어들인 합성시나 돋다

## 1장

국가기밀이라 정체

# 1

미국의 국가채무가 2025년 6월, 37조달러를 돌파했다. 2023년 9월 33조달러에 도달한 이후, 2024년 1월 34조달러, 2024년 7월 35조달러, 2024년 11월 36조달러, 2025년 6월 37조달러에 이르게 된 것이다. 일본의 국가채무도 2022년에 이미 1,000조엔(8,660조원)을 넘어섰고, 일본 GDP의 250%를 상회하고 있다. 일본은 달러 대비 엔화 약세 시기에 금리인상이 필요하지만 쉽게 올리지 못하고 있는 상황이다. 막대한 국가채무가 제약 요인 중 하나이다. 만약 일본이 금리를 올리면 막대한 국가채무에 의한 이자부담이 급속히 증가하여 재정적자와 국가채무는 구조적으로 악화될 위험이 있다. 우리나라의 국가채무도 2023년에 이어 이미 1,100조원을 넘어섰고, 2025년도 말에는 1,300조원을 상회하여 GDP의 50%를 넘을 것으로 전망된다. 비기축통화국 중 국가채무의 증가가 가장 빠른 나라 중 하나로 국가채무 증가의 위험에 대한 우려가 커지고 있다.

이와 같이 많은 나라의 국가채무가 급속히 증가하자, 이러한 채무증가가 가져올 경제위기의 가능성에 대해 세계적인 석학들이 경고를 보내고 있다. 국제통화기금(IMF)은 2024년 4월 이례적으로 미국의 국가채무 확대에 대해 경고의 메시지를 보냈다. '미국의 재정적자와 국가채무 확대가 인플레이션을 다시 점화시켜 금리를 올리고 전 세계의 금융 불안정성을 확대'할 것이라는 위험성을 제기한 것이다. 닥터 둠이라는 별명을 갖고 있는 미국 뉴욕대의 누리엘 루비니 교수는 『초거대 위협(MegaThreats)』이라는 책에서 전 세계 부채(국가부채+기업부채+가계부채) 규모가 GDP의 350% 수준으로 급격히 증가하여 향후 경제위기를 초래할 위험성이 있다고 경고하고 있다.

2007년 글로벌 금융위기를 겪은 이후 OECD 국가들의 국가채무 비율(GDP대비) 추이를 보면 2007년에는 평균 70% 수준이었는데 2021년에는 평균 120%를 상회하는 수준으로 급속히 높아졌다. 미국과 일본의 국가채무 비율이 급속히 증가한 것처럼 그리스, 이탈리아, 영국 등 유럽 국가들의 국가채무 비율도 상대적으로 매우 높고 빠르게 증가하는 추세에 있다.

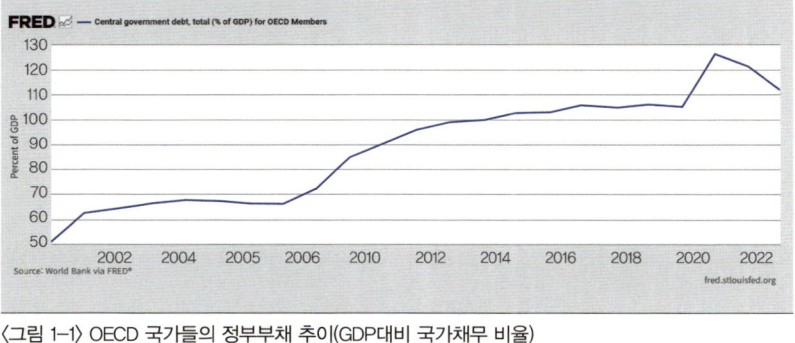

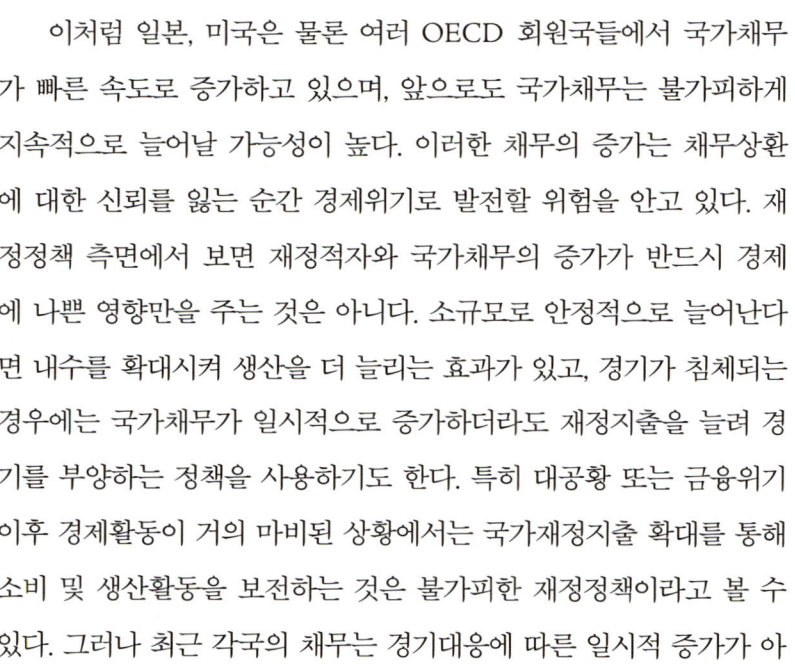

〈그림 1-1〉 OECD 국가들의 정부부채 추이(GDP대비 국가채무 비율)

자료: Federal Reserve Economic Data,. https://fred.stlouisfed.org/series/GCDODTOTLGDZSOED

　　이처럼 일본, 미국은 물론 여러 OECD 회원국들에서 국가채무
가 빠른 속도로 증가하고 있으며, 앞으로도 국가채무는 불가피하게
지속적으로 늘어날 가능성이 높다. 이러한 채무의 증가는 채무상환
에 대한 신뢰를 잃는 순간 경제위기로 발전할 위험을 안고 있다. 재
정정책 측면에서 보면 재정적자와 국가채무의 증가가 반드시 경제
에 나쁜 영향만을 주는 것은 아니다. 소규모로 안정적으로 늘어난다
면 내수를 확대시켜 생산을 더 늘리는 효과가 있고, 경기가 침체되는
경우에는 국가채무가 일시적으로 증가하더라도 재정지출을 늘려 경
기를 부양하는 정책을 사용하기도 한다. 특히 대공황 또는 금융위기
이후 경제활동이 거의 마비된 상황에서는 국가재정지출 확대를 통해
소비 및 생산활동을 보전하는 것은 불가피한 재정정책이라고 볼 수
있다. 그러나 최근 각국의 채무는 경기대응에 따른 일시적 증가가 아

니라 장기적으로 지속되는 적자로 인한 구조적인 국가채무의 증가로 이어지는 경우가 많기 때문에 이러한 경우, 국가채무 증가는 경제에 큰 부정적 영향을 줄 것이다.

국가채무의 증가가 가져올 부정적 영향 중에 대표적인 것이 민간소비와 투자를 위축시키는 구축효과(crowding out effect)이다. 정부의 국채는 안전자산으로 인식되기 때문에 은행, 투자펀드, 기업 및 개인 등 다양한 수요자들이 국채를 구매한다. 이들 재원은 역시 민간에도 투자될 수 있는 대체자금이다. 정부 재정적자가 커지면 국민저축의 많은 부분이 국채매입에 충당됨으로써 생산성이 높은 자본재의 투자자금이 부족해질 수 있어 경제성장에 부정적 영향을 줄 수 있는 것이다. 경제성장률의 저하는 국가채무를 다시 악화시키는 요인이 되어 국가채무 증가와 성장률 저하의 악순환을 일으킬 수 있다.

국가채무의 증가로 인해 늘어나는 국채이자는 정부의 지출 중 이자 이외의 다른 필수적인 프로그램 지출을 줄여야 하는 제약이 된다. 국가채무의 증가로 인한 국채이자의 증가는 인프라(SOC), 연구개발(R&D), 교육 등 국가 미래의 성장잠재력을 키우는 투자를 감소시켜 경제의 성장에 부정적 영향을 주는 한편, 미래세대가 공공재와 공공서비스의 혜택을 누릴 기회를 줄이는 요인이 되기도 한다. 국가채무가 일정 수준을 넘어서면 추가 국채발행으로 이자부담을 충당해야 하는 악순환으로 이어질 수도 있다. 만일 국가채무가 지속적으로 커지면 국채에 대한 정부의 이자지급 부담도 커지게 되어 결국 빚을 줄이기 어려운 수준으로까지 심각해질 수 있다. 정부가 기존의 국가채무를 상환하거나, 상환연장을 위한 비용 외에도 추가적인 국채발행을 통해 늘어난 이자까지 부담해야 하는 상황이 지속될 경우 이자비용이 통제할 수 없는 수준까지 늘어나면서 재정위기가 발생할 수도 있다. 즉, 채무를 갚기 위해 더 많은 채무를 빚게 되는 '채무의 악순환(Debt Spiral)'에 빠지게 되는 것이다.

# 적자재정이 불러오는 인플레이션의 그림자

적자재정의 지속적인 운영과 이로 인한 국가채무의 증가는 인플레이션 발생 위험을 증가시킨다. 통화주의 학파인 밀턴 프리드먼(Milton Fridman)은 "인플레이션은 언제 어디서나 화폐적 현상이다."라고 했는데, 이는 인플레이션을 '상품에 비해 돈이 너무 많은 현상'임을 표현한 것이다.[2] 만일 구매 가능한 재화와 용역의 양, 즉 생산량이 화폐량과 같은 속도로 증가한다면 물가는 안정된다. 그러나 화폐량이 생산량보다 상당히 빠르게 증가하면 인플레이션이 발생한다. 생산량 단위당 화폐 수량의 증가가 빠르면 빠를수록 인플레이션율은 높아진다. 개인 입장에서야 돈은 많으면 많을수록 좋겠지만 경제 전체적으로는 돈이 생산량보다 더 많이 늘어나면 인플레이션이 발생하는 것이다.

현재 세계 각국은 명목화폐(Fiat money)를 사용하고 있다. 그 자체로는 별다른 물리적 가치가 없지만 정부가 법적인 권한을 부여한 지폐, 동전, 예금 등을 의미한다. 명목화폐는 금이나 은과의 태환이 보장되지 않는 대신, 정부 및 중앙은행이 부여한 신용에 의해 유통되는 화폐이다. 금본위제도가 폐지된 이후 가장 일반적으로 유통되고 있다. 그런데 이러한 명목화폐는 남발의 위험성이 크다. 명목화폐의 과다한 공급은 인플레이션으로 이어지기 때문에 각국 중앙은행은 화폐공급 통제와 이자율 조정 등을 통해 인플레이션을 방지하는 임무를 수행하고 있다. 재정정책은 재정수입과 재정지출을 통해 추진된다는 측면에서 중앙은행의 통화정책과는 원칙적으로는 독립적으로 움직인다. 하지만 재정적자의 확대로 적자국채의 발행이 늘어나고 이 적자국채를 중앙은행에서 매입·보유하게 되는 경우에는 통화 공급과 연결되고, 국채시장 금리에도 영향을 주기 때문에 재정적자의 확대가 통화정책과 완전히 별개라고 하기 어렵다.

최근 각국의 재정적자 확대로 인해 재원조달을 위한 적자국채의 발행이 늘어나고 있는데, 늘어난 적자국채를 중앙은행이 매입하게 되면 그만큼 화폐발행이 늘어나 인플레이션 압력이 증대되고 화폐가치는 하락하게 된다. 이러한 구조는 적자편향의 재정운영과 실물가치의 뒷받침이 없는 가운데 탄생한 명목화폐가 갖는 태생적인 특징이라고 할 수 있다.

## 금태환제도의 폐지

명목화폐를 기반으로 한 현대의 관리통화체제에는 화폐의 과다 공급으로 인한 인플레이션 발생 위험을 내포하고 있으며, 최근 각국 정부의 적자재정 운영으로 그 위험이 더욱 증대되고 있다. 한편, 1971년 미국이 금태환제도를 폐기하기 전까지는 금태환[중앙은행이 발행한 지폐인 은행권을 금으로 교환하는 것]을 보장하는 브레튼우즈 체제하의 통화제도가 유지되었다. 브레튼우즈 체제는 통화가치의 안정, 무역진흥, 개발도상국 지원을 목적으로 설립되었다. 특히, 환율을 안정시키는 것이 주요 목표였는데 이를 위해 미국 달러화를 기축 통화로 하되 금태환을 약속하였다. 금 1온스를 35달러로 고정시키고, 그 외에 다른 나라의 통화는 달러에 고정시키는 제도였다.

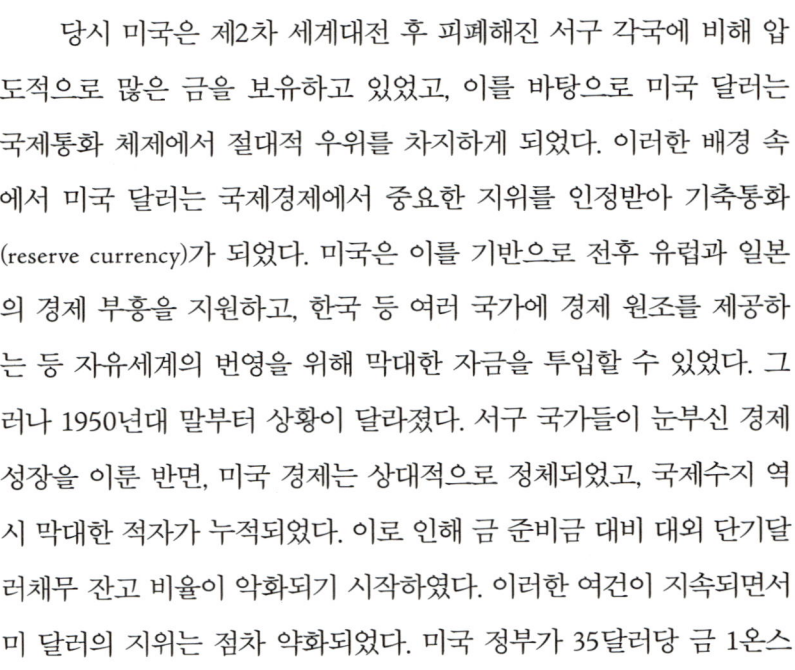

〈그림 1-2〉 금환본위제의 개념

    당시 미국은 제2차 세계대전 후 피폐해진 서구 각국에 비해 압도적으로 많은 금을 보유하고 있었고, 이를 바탕으로 미국 달러는 국제통화 체제에서 절대적 우위를 차지하게 되었다. 이러한 배경 속에서 미국 달러는 국제경제에서 중요한 지위를 인정받아 기축통화(reserve currency)가 되었다. 미국은 이를 기반으로 전후 유럽과 일본의 경제 부흥을 지원하고, 한국 등 여러 국가에 경제 원조를 제공하는 등 자유세계의 번영을 위해 막대한 자금을 투입할 수 있었다. 그러나 1950년대 말부터 상황이 달라졌다. 서구 국가들이 눈부신 경제 성장을 이룬 반면, 미국 경제는 상대적으로 정체되었고, 국제수지 역시 막대한 적자가 누적되었다. 이로 인해 금 준비금 대비 대외 단기달러채무 잔고 비율이 악화되기 시작하였다. 이러한 여건이 지속되면서 미 달러의 지위는 점차 약화되었다. 미국 정부가 35달러당 금 1온스를 교환해주는 금환본위제를 유지하기 위해서는 경제 생산이 늘어나는 만큼 금 공급이 늘어나야 했다. 그런데 금의 공급은 제한되어 있었다. 더욱이 베트남 전쟁으로 인해 미국은 막대한 전쟁 비용을 부담하게 되었고, 그 결과 달러 공급을 대폭 확대하였다. 그러나 이에 상응하는 금 생산은 이루어지지 않았다. 금 생산이 정체된 상황에서 미국이 달러를 무분별하게 발행하는 것을 지켜본 프랑스 등 일부 국가는, 미국이 약속한 대로 달러를 금으로 교환할 수 있는 충분한 금 보유고를 가지고 있는지에 대해 의문을 제기하였다. 이에 따라 이들 국가는 보유 중이던 미국 달러를 금으로 교환해 줄 것을 요구하게 되었다. 이러한 요청을 받아들일 경우 미국이 보유한 금이 급속히 빠져나갈 위험에 처하자 1971년 8월 미국 대통령 닉슨은 금과 달러의 교환을 중단하겠다고 선언하며 금환본위제를 종료하였다. 현대와 같은 인플레이션은 이때부터 본격적으로 시작되었다.

인플레이션은 과거에도 있었지만, 금태환제 시기에는 금의 공급량 증가에 따라 자연스럽게 발생하는 것이었다. 하지만 금태환제가 폐지되면서 이런 자연스러운 제한이 사라졌고, 그때부터 인플레이션이 본격적으로 나타나기 시작했다. 이전에는 정부가 적자재정을 운영하면 금이 해외로 빠져나가는 부담이 있었지만, 금태환제가 폐지된 이후에는 그런 부담이 없어졌다. 그 결과, 정부 입장에서는 적자재정을 운영하는 것이 훨씬 쉬워졌다. 정부 내에 엄격한 재정규율이 없으면 적자재정을 운영할 유인이 더 커진 것이다. 정부는 국민들의 저항이 심한 세금을 올리는 대신 국민들이 요구하는 재정지출을 국채발행을 통해 충당하려는 유인을 갖게 된다. 그런데 발행한 국채를 민간이 다 사주지 않을 경우, 중앙은행이 대신 사들이는 방식으로 재원을 마련하게 될 가능성이 커진다. 이처럼 정부가 늘어나는 지출을 감당하기 위해 중앙은행에 국채를 팔아 현금을 확보하는 것을 '정부부채의 화폐화'라고 부른다.

## 정부부채의 화폐화

오늘날 대부분의 나라에서는 화폐를 만들고 공급하는 일을 국가가 독점하고 있다. 예외도 있지만, 일반적으로는 중앙은행이라는 국가기관이 이 역할을 맡고 있다. 중앙은행이 시중에 돈을 푸는 방식은 주로 두 가지인데, 하나는 공개시장조작이고, 다른 하나는 중앙은행 대출이다. 두 방식 모두 기본 원리는 같다. 공개시장조작이란, 중앙은행이 민간은행이 보유한 국채를 사들이거나, 민간은행이 가지고 있는 자산을 담보로 돈을 빌려주는 것을 말한다. 이렇게 하면, 중앙은행에 예치된 민간은행의 '지급준비금'이 늘어나고, 결과적으로 시장에 풀리는 돈(본원통화)도 늘어난다.

즉, 중앙은행은 국채나 대출을 담보로 새로운 돈을 만들어내는 것이다. 특히 국채시장이 잘 발달된 선진국에서는 중앙은행이 국채를 사들이는 방식이 가장 일반적인 통화 공급 수단으로 사용되고 있다. 하지만 중앙은행이 국채를 사들이거나 대출을 해주는 이유는, 어디까지나 통화정책의 일환이다. 재정적자, 즉 정부의 빚을 메워주기 위해 돈을 푸는 것이 원래 목적은 아니다.

정부부채의 화폐화(Monetization)는 정부지출 증가로 인한 재정 적자를 보전하기 위해 정부가 중앙은행에 국채를 매각하는 것을 의미한다. 이는 통화정책의 주체인 중앙은행을 정부의 재정운영에 동원하는 것이어서 중앙은행의 독립성을 심각하게 위협할 수 있다. 각국은 정부부채의 화폐화를 막기 위해 중앙은행의 독립성 유지를 위한 제도적 장치를 마련해 놓고 있다. 그런데 중앙은행이 재정적자 보전을 위해 국채를 매입한 것뿐만 아니라 정부가 발행한 어떤 국채라도 매입하는 순간 정부부채의 화폐화가 이루어진다고 주장하는 견해가 있다. 국채매입이 곧 본원통화 공급으로 이어져 국채가 화폐로 전환되기 때문이다. 이러한 관점에서 보면 국채매입 방식의 차이는 큰 의미가 없다. 공개시장에서 민간 금융기관으로부터 매입하든, 재무부로부터 직매입하든, 대출의 담보로 국채를 잡고 자금을 공급하든 모두 정부부채가 화폐화된다는 점에서 그 효과는 동일하다고 보기 때문이다.

한편, 정부부채의 화폐화를 가늠하는 기준은 중앙은행의 국채매입 자체가 아니라 국채 보유기간을 기준으로 해야 한다는 주장이 있다. 이 주장에 따르면 중앙은행이 국채를 매입해 영구적으로 보유하는 경우에만 정부부채의 화폐화가 실질적으로 이루어진다고 본다. 국채를 영구적으로 보유할 목적에서 매입하는 경우에만 통화창조도 영구적인 성격을 갖기 때문이다. 따라서 경기순환 주기에 따라 중앙은행이 개입하여 국채를 매입하거나 재매각함으로써 본원통화량을 조절하는 것은 정부부채의 화폐화로 볼 수 없다는 시각이다. 만약 중앙은행이 매입한 국채를 추후에 재매각하거나 만기가 되었을 때 차환하지 않고 상환하게 되면 이 또한 경기조절 목적의 한시적 매입에 해당하여 정부부채의 화폐화로 볼 수 없다는 것이다.

각국 정부와 중앙은행은 정부부채의 화폐화를 방지하기 위해 노력하고 있다. 그러나 미국과 일본을 비롯한 여러 국가처럼 적자재정이 지속화되어 조세수입으로 기발행 국채를 영원히 상환하기 어려운 상황에 놓이면 어떻게 될까? 중앙은행이 국채를 매입하고, 기발행 국채는 만기가 도래하면 계속 차환해 나가는 일이 지속될 것이다. 실제로, 최근에는 각국의 중앙은행이 매입한 국채를 정부의 재정흑자를 통해 상환하는 경우는 거의 없는 것이 일반적이다. 정부는 기발행 국채를 조세수입으로 상환하기보다는 새로운 국채를 발행하여 차환하는 것이 일반적이기 때문에 국채가 지속적으로 늘어나고 있으므로 사실상 정부부채의 화폐화가 진행되고 있는 것으로 봐야 할 것이다. 정부부채의 화폐화는 통화의 가치를 떨어뜨리고 인플레이션의 발생 위험을 증가시키게 된다. 이와 같이 금태환이 보장되지 않는 명목화폐 제도가 보편화된 이후 각국의 적자재정 운영이 일반화되어가고 있으며 국채의 발행도 증가하고 있는 추세이다. 재정적자가 화폐공급을 늘리는 유일한 요인이라고 할 수는 없으나 주요 요인 중 하나라고 할 수 있다. 즉 재정적자로 인해 국채가 늘자 화폐의 공급에 실질적으로 영향을 주고 통화가치도 하락시키고 있는 것이다. 금태환 폐기 이후 통화가치의 하락은 금값의 변동과 비교해 보면 간접적으로 그 실상을 알 수 있다. 1971년 금태환을 폐지한 이후 금값의 급등은 화폐가치의 하락이 얼마나 크게 이루어지고 있는지를 설명해 주는 지표로 볼 수 있다. 1971년 금 1온스당 35달러였던 것이 2025년 4월 3,500달러 수준이 되었으니 금값이 100배 수준으로 오른 것이다. 역으로 말하면 통화의 공급이 그만큼 늘어났고, 화폐가치가 그만큼 하락했다고 볼 수 있다. 많은 정부가 적자재정을 운영하고 있고, 그 폭은 커지고 있다. 그리고 부채의 많은 부분은 실질적으로 화폐화로 처리된다. 그러면 레이 달리오(Ray Dalio)의 말처럼 "화폐의 가치는 녹아내리는 아이스 큐브(Ice Cube)와 같게" 된다.

## 누적되는 국가채무, 잠재된 경제 리스크

국가채무가 빠르게 늘어난다는 것은 국채발행이 많아진다는 뜻이고, 이는 국채금리를 급격히 올려 국채시장과 금융시장에 불안을 불러올 수 있다. 이런 불안이 심화되면 결국 경제위기로 이어질 가능성도 있다. 더 심각한 경우, 과거 남유럽의 몇몇 국가처럼 정부가 빚을 갚지 못해 국가채무 부도사태가 발생할 수도 있다. 극단적으로는 일부 남미 국가처럼 재정적자를 메우기 위해 무리하게 화폐를 찍어내다 보면 하이퍼인플레이션(hyper inflation)이라는 치명적인 어려움을 겪을 수도 있다. 물론 현재 우리나라가 이러한 위기에 직면해 있는 것은 아니다. 하지만 다른 나라들의 사례를 보면, 국가채무가 조용히 쌓이다가 어느 순간 갑자기 급증해 경제위기로 번지는 경우가 적지 않다. 따라서 국가채무 증가에 경각심을 가지고, 재정건전성 유지에 꾸준히 노력해야만 한다.

## 시장의 불안정성 확대

재정적자의 확대를 바탕으로 하는 정부의 재정정책은 시장의 신뢰를 잃게 되는 경우 국채금리의 급등과 파생상품의 가격하락 등으로 이어지며, 국채시장과 금융시장 전반에 불안을 가중시키는 문제로 발전할 수 있다. 대표적인 사례가 2022년 영국의 대규모 재정적자에 기반한 경기부양 정책이다. 그해 9월 영국 정부는 '성장계획 2022(The Growth Plan 2022)'를 발표하면서 대규모 감세와 에너지 가격 지원을 핵심으로 하는 경기부양책을 내놓았다.

이 계획에는 연간 450억파운드(약 70조원) 규모의 감세와 더불어, 가계와 기업에 향후 6개월간 600억파운드(약 92조원) 규모의 전기 · 가스요금 지원이 포함되어 있었다. 문제는 이 에너지 지원 재원을 차입으로 조달할 예정이었다는 점이다. 이에 따라 2022/23 회계연도 순차입 규모는 국내총생산(GDP) 대비 약 7.5%(1,900억파운드)까지 늘어날 것으로 예상되었다. 이처럼 대규모 국채발행 가능성과, 당시 달러 강세 상황 속에서 영국 국채(Gilt)의 투자 매력도가 낮다는 평가가 겹치면서, 시장에서는 영국 국채에 대한 투매가 발생했고, 국채금리가 급등했다. 그 결과, 파생상품 형태로 보유하던 국채의 가치가 급락해 '부채연계투자(LDI)' 펀드에서 증거금 부족 현상이 나타났고, 이를 메우기 위해 다시 국채를 팔아야 하는 악순환이 벌어졌다. 이로 인해 국채금리가 더 오르고, 국채시장과 금융시장 전반에 불안이 심화되는 시장 혼란이 발생했다.

---

- 증거금 부족을 충당하기 위해 국채를 투매 → 국채금리 급등 → 부채연계투자 증거금 부족 → 증거금 충당을 위한 국채 투매 → 다시 국채금리 급등 → … (국채시장 불안 심화)

- 장기국채를 담보(RP)로 하는 파생상품에서 증거금 부족이 급증함에 따라 유동성이 상대적으로 풍부한 국채를 대량 매각하며 시장금리가 상승하는 악순환 초래 → … (금융시장 불안 심화)

〈표 1-1〉 대규모 국채발행이 국채·금융시장 불안에 미치는 영향

국채가격이 폭락하게 되면 연기금의 담보 가치 하락으로 인한 추가 증거금 요구(마진콜)에 직면하게 될 수 있다. 이때에는 연기금까지 유동성에 문제가 발생하여 자금조달 리스크가 커지면서 금융위기로 발전할 우려가 있는 것이다. 실제로 영국중앙은행은 자국 연기금의 파산을 막기 위해 수십 억파운드의 긴급 국채매입을 실시해야만 했다.

〈그림 1-3〉 The Growth Plan 2022 발표(2022. 9. 23) 전후 영국 국채금리와 환율

자료: 블룸버그

적자 재정정책으로 인해 금융불안까지 발생하자 국제신용평가사 스탠더드앤드푸어스(S&P)는 영국의 국가신용등급 전망을 기존 '안정적'에서 '부정적'으로 하향 조정했다. 대규모 재정적자에 기반한 감세 및 재정지출 정책이 일주일 만에 국가신용등급 강등 위기로까지 번진 것이다. 이러한 시장의 혼란은 영국중앙은행의 개입과 감세정책의 철회 이후에야 안정을 찾았다. 그리고, 이러한 재정정책이 야기한 경제위험에 책임을 지고 리즈 트러스(Liz Truss) 영국총리가 45일 만에 사임을 하는 결과를 낳았다.

### 국가부도의 우려

국가채무 부도(sovereign debt default)란 국가가 발행한 국채 등의 채무 만기가 도래했을 때 상환요구에 응하지 못하는 것을 말한다. 그 나라의 경제력에 비해 국가채무가 과도하게 커지면 그 국가의 신용도가 떨어지고, 국채금리가 급등하게 되며, 국채의 소화가 어려워지면서 자금조달난이 가중됨에 따라 국가부도의 위험이 커진다. 2010년에 유럽의 PIIGS(포르투갈, 아일랜드, 이탈리아, 그리스, 스페인) 국가들이 국가채무의 급증에 따른 부도 위험에 놓인 적이 있다. PIIGS 국가들의 재정건전성에 대한 불신은 장기국채의 이자율을 통해 알 수 있는데. PIIGS 국가들의 장기국채 이자율과 당시 건전재정을 대표하는 독일의 국채 간 금리스프레드가 2010년 연초부터 계속 확대된 것을 〈그림 1-4〉의 그래프에서 볼 수 있다. 이들 국가들의 국가채무가 늘어나자 국채금리가 급등한 것이다. 국채금리 급등 등에 따른 국가부도의 위험은 신용등급의 하락으로 이어졌다. 신용평가사 스탠더드앤드푸어스(S&P)는 그리스의 신용등급을 투기등급인 'BB+'로 내린 뒤 '잠재적 디폴트(SD)'까지 하향조정하였고, 남유럽 국가들에 대한 국가부도 위험 우려가 세계 금융시장으로 확산되었다. 심지어 유로환율이 2009년 12월에 1.512달러/유로에서 2010년 5월 말에는 4년 내 가장 낮은 1.223까지 급락하면서 유로 체제의 지속가능성에 대한 우려까지 제기되는 상황이었다. 2010년 5월, EU 및 IMF에서 3년간 총 1,100억 유로에 달하는 구제금융을 그리스에 긴급 지원하면서 그리스 국가부도와 남유럽 국가 연쇄부도란 최악의 사태는 가까스로 막을 수 있었다.

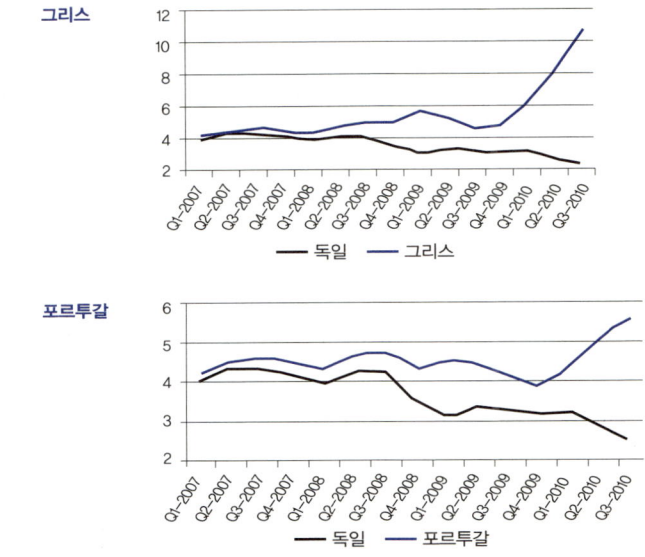

〈그림 1-4〉 국가부도 위기 시 PIIGS 국가의 장기 이자율 동향

자료: 김필헌(2010), PIIGS국가부도 위기의 교훈, KERI Insight 10-11에서 재인용

실제 국가부도는 아르헨티나 등 중남미 국가에서 일어난 경우가 많았다. 국가부도 이후에는 국제금융시장 접근성 하락, 경기침체, 은행시스템 리스크 증대 등의 부작용이 발생하여 국민들의 생활이 크게 어려워지는 것이 일반적이다. 국가부도로 인한 평판 손실이 신용스프레드와 신용등급을 악화시켜 국내외 금융시장에 대한 접근성이 하락한다. 아르헨티나의 경우 부도 전에 15%에 머물던 신용부도 스와프(Credit Default Swap) 프리미엄[3]이 국가부도 이후인 2001년 12월에는 117%까지 급등하였다. 또한 국가부도 시 은행위기 등으로 당해 연도와 이후에 마이너스 성장을 하는 것이 대부분이다. 경제 역성장과 대량 실직사태 등 국가부도의 위기가 초래할 위험과 국민들의 고통에 대해서는 IMF 외환위기를 이미 경험한 한국 경제도 이미 잘 알고 있는 바이다. 물론, IMF 외환위기는 민간의 과도한 외자도입 등으로 인해 발생했던 것이고, 정부의 과다한 지출과 재정적자로 발생한 것은 아니었다. 다만 고통 측면에서는 국가부도와 마찬가지이다.

〈그림 1-5〉 아르헨티나의 국가부도 전후 CDS 프리미엄

자료: 블룸버그

## 하이퍼인플레이션

인플레이션이 악화되어 더 이상 수습할 수 없는 상태를 하이퍼인플레이션이라고 한다. 이것이 나타나는 근본적인 이유는 화폐에 대한 신뢰도 하락인데, 국가재정이 약화된 상태에서 화폐발권 차익(Seigniorage)[4]를 지니고 있는 중앙은행이 정부의 요청을 거절하지 못하고 대규모 화폐발행을 통해 통화량이 급격히 증가할 때 주로 나타난다. 1980년대 브라질, 아르헨티나, 볼리비아 등 일부 남미국가들은 좌파 정부의 포퓰리즘 정책으로 재정을 방만하게 운영했고, 그 결과 하이퍼인플레이션의 고통을 겪었다. 주로 방만한 복지정책으로 재정적자가 일상화된 결과였다. 2008년 7월 짐바브웨의 물가상승률은 2억 3,100만%에 달했다고 한다. 이들 국가의 하이퍼인플레이션은 막대한 재정적자 보전을 위한 통화 발행 때문이었다. 지폐가 가치가 없어지자 교환수단으로 사용되지 못하고, 도배지로 사용되기도 했으니 그 폐해가 얼마나 컸는지 짐작할 수 있다. 당시 소비자들은 일상적 거래에서 소량의 물품을 사기 위해 돈으로 가득 찬 보따리를 여러 개 들고 다녀야 했다. 이러한 상황은 판매자와 구매자 모두에게 강요되는 거래비용을 높였을 뿐만 아니라 돈을 둘 장소를 구하는 보관비용과 은행까지 나르는 이전비용도 급증시켰다. 그 결과, 차라리 장사를 접고 가게 문을 닫을 수밖에 없었다.

베네수엘라의 경우에는 상황이 더욱 심각했다. 2010년초 남미의 부국으로 꼽히던 베네수엘라는 국영 석유기업에서 벌어들인 돈을 포퓰리즘성 복지정책의 재원으로 활용하였다. 그러나 2014년 이후 국제유가가 급락했다. 국가수입의 대부분을 차지하던 석유수입은 크게 감소한 반면 정부는 복지확대와 각종 보조금 지출을 지속하여 막대한 재정적자를 초래하였다. 적자재정을 화폐발행으로 충당함에 따라 2019년에는 인플레이션율이 무려 32만 9,000%까지 치솟았다. 무분별한 재정정책으로 인해 베네수엘라 국민들이 겪고 있는 고통은 매우 심각하다. 경제 파탄을 피해 국민들이 대규모로 다른 나라로 이주하여 난민문제가 발생하고 있다. 교사들이 임금 인상을 요구하며 학교 밖에서 시위를 벌이는 일이 일상화되면서 공교육은 이미 오래전에 무너졌다. 상인들 또한 임대료를 감당하지 못해 길거리에서 노점상을 하게 되었고, 그 결과 상가 건물들은 빈 채로 방치되고 있다. 베네수엘라의 최저임금은 월 4.5달러 수준으로 한 달 식비의 100분 1에도 미치지 못하는 수준이다. 최저임금을 받는 노동자가 100개월 동안 임금을 꼬박 모아도 가족의 1개월치 음식을 사기 어려울 정도라면 그 심각성을 짐작할 수 있을 것이다.

## 위험의 상시화

영국 리즈 트러스(Liz Truss) 정부의 재정정책 실패, 남유럽 국가들의 재정위기, 베네수엘라의 하이퍼인플레이션 모두 잘못된 재정정책과 국가채무 관리 실패가 국민들에게 뼈아픈 고통을 안겨준다는 교훈을 주고 있다. 하지만 더욱 무서운 점은 국가채무로 인한 경제위기는 단순히 일회성이 아니라는 점이다. 남유럽 국가들을 다시 들여다보면 구조적인 문제를 찾을 수 있는데 고령화에 따른 사회보장지출 비중과 공공임금의 비중이 매우 높다는 사실이다. 그리스의 경우 고소득자와 자영업자 사이에서 세금 회피가 광범위하게 퍼져 있는 등 지하경제의 규모가 GDP대비 25% 수준이나 된다고 한다. 구제금융 이후 그리스 정부는 강력한 재정개혁을 추진하고 있으나, 그 이행이 구조적으로 쉽지 않은 이유이다. 물론 재정 건전화와 구조개혁이라는 목표의 재정개혁을 어렵게 잘 이행해 나가고 있다 하더라도 그 과정에서의 고통은 오롯이 국민의 몫임은 당연한 결과이다. 이렇듯 재정적자의 만성적 구조가 지속되고 채무수준이 경제규모가 인내할 수 있는 임계점을 넘게 되면, 수준을 다시 낮추려 해도 되돌리기 어려운 상황에 이르게 되는 것이다. 오히려 높아진 국가채무는 이자비용을 수반하고, 원리금 상환을 위한 국채발행량이 증가하면서 국가채무 수준이 높아지는 악순환이 발생한다는 점에서 경제위기의 위험은 증가할 수밖에 없다. 즉, 경제가 어려울 때에 최후의 보루가 되어야 할 재정이 오히려 경제위험의 원인이 되고, 그 위험은 일회성이 아니라 상시화되고 장기화되는 것이다.

# 국가채무가 크게 늘면 어떤 위기가 오는가?

## 그리스의 사례

OECD 회원국 중 하나인 그리스는 오랫동안 재정적자를 쌓아오다 2009년 GDP대비 국가채무 비율이 130%에 달하면서 재정위기를 겪게 되었다. 그리스는 2001년에 유로화를 도입했는데 유로존 가입에 따라 금리가 급격히 낮아졌고, 그리스는 싸게 돈을 빌릴 수 있게 되었다. 이에 정부는 부채를 이용해 공무원 수와 복지지출을 늘리는 등 공공부문을 확대했고, 동시에 세금 징수는 제대로 하지 않았다. 재정적자는 계속 쌓였고, 국가부채는 점점 증가하여 2007년에는 GDP대비 100%를 넘어섰다. 이 와중에 2008년 글로벌 금융위기가 터졌다. 전 세계 금융시장이 불안해지자, 투자자들은 "위험한 나라"에 대해 더 민감하게 반응했다. 그리스의 숨겨졌던 부채까지 수면 위로 올라왔고, 투자자들이 그리스 국채를 매도하기 시작했다.

그 결과 그리스의 국채금리가 급등하였고, 자금 조달이 어려워지면서 사실상 채무불이행 위기에 직면하였다. 2010년에 그리스는 결국 국제통화기금(IMF), 유럽중앙은행(ECB), 유럽연합(EU)으로부터 구제금융을 받았다. 그리스는 그 대가로, 긴축정책(공공부문 축소, 세금 인

상, 연금 수령 등)을 강요받았다. 이러한 기득권층이 장기집권체제를 유지하
고자, 국민들이 원하는 정책을 외면하여 아쉬워졌다. 장원불평등 27%를 넘
어서고, 정부 지출불평등 50%를 초과했다. 일부 사람들이 원자재를 이용한
원제품 생산 장기 등에 집중 투자해서 사라지기가 장하였다. 정부가 기득권층
이 이동으로 중상부민으로 양립고 대체 상장하였다. 이로, 교육, 고용,
사회복지 등 중상사회가 대체 총소입층이 양극체제로 자리잡은 양
상이다. 양질 공무원이 아쉬워지고, 이를 부족 현상지지 발생했다. 지방과 중
시대로 활동을 자발적이고 규직적으로 독자가 금지 들어서다. 중
간층이 몰라지면서 사회계층 간 격자가 다층 별어났다. 그런 인식과 가
결 050 이상이 외자리를 찾아 대도시로 해외 이민을 떠났다. 이른바
재의 드레이인(Brain drain)' 현상으로 인해 국내 정치체제에 기여하지도
이후되었다.

2
장

미
리
보
기

■ 재정은 효율적 자원배분, 소득재분배, 경제안정화 기능을 수행한다.

■ 통합재정수지는 총수입에서 총지출을 차감한 것이고,
  관리재정수지는 사회보장성 기금 수지를 제외한 수지로 우리나라의
  재정건전성 판단에 활용된다.

■ 국가채무는 포괄범위에 따라 국가채무(D1), 일반정부부채(D2),
  공공부문부채(D3)로 구분되며, 국제비교 시에는
  일반정부부채(D2)를 기준으로 해야 한다.

■ 적자재정 운영 시 국채발행을 통해 재원을 조달하며, 발행량이
  증가하면 금리상승 압력이 생기므로 시장 안정화가 중요하다.

2장

# 나랏돈의 진짜 얼굴

국가재정의 역할

일반적으로 보수정부는 개인의 자유와 시장의 자율성을 강조하며 정부의 역할을 줄이는 '작은 정부'를, 진보정부는 적극적인 국가 개입과 복지 확대를 추구하는 '큰 정부'를 추구한다. 이러한 정책의 차이는 국가의 역할을 어떻게 바라보는가에 대한 생각 차이에서 비롯된다. 영국의 철학자 홉스는 『리바이어던』이라는 책에서, 인간은 자연상태에서는 '만인의 만인에 대한 투쟁'이 벌어지므로 이 상태에서는 생명, 재산, 안전을 보장할 수 없다고 보았다. 이러한 혼란을 벗어나기 위해, 사람들은 각자 일정한 자유를 포기하고 다른 사람도 그만큼만 자유를 갖도록 함으로써 서로 공존하는 길을 찾았고, 바로 그 결과로 국가가 만들어졌다고 설명했다.

　이와 같이 공존을 위한 사회계약으로 탄생한 국가도 국가주의 국가론에서부터 자유주의 국가론과 사회주의 국가론에 이르기까지 국가를 어떻게 보느냐에 따라 국가의 역할과 범위가 다양하게 논의되고 있다. 국방과 치안 유지가 국가의 기본적 임무라는 것에는 이견이 없다. 여기에 더하여 어떤 임무까지 더 수행해야 하느냐에 차이가 있는 것이다. 현대의 경제학자들은 외부효과라는 특징이 있는 공공재를 공급하는 것이 국가의 임무라고 정의하기도 한다. 이는 공공재가 가지는 비배제성과 비경합성이라는 특징 때문에 시장 매커니즘만으로는 공공재가 충분히 공급되지 않기 때문이다. 보수정부는 공공재의 범위를 좁게 해석하고, 진보정부는 공공재라는 집합에 많은 것을 담으려 한다. 교육, 보육, 의료, 주택 등이 공공재 성격을 갖기 때문에 국가가 큰 책임을 져야 한다고 보는 것이다. 국가가 역할을 수행하기 위해서는 재정운영이 필수적이다. 정부의 조세수입으로 정부가 지출해야 하는 수요에 전액이 충당되지 않으면 적자분만큼 국채발행을 통해 재원을 조달하여야 하는데 이러한 국채가 지속하여 쌓인 것이 바로 국가채무이다.

## 재정은 어떻게 움직이는가

정부는 세금, 수수료, 각종 벌과금, 정부재산 및 국공채 매각 등에서 얻은 수입으로 국방·외교·치안과 같은 국가 유지 의무를 수행하고, 경제성장에 필요한 기반을 다지며, 사회복지를 확충하는 등의 활동을 한다. 이런 정부의 수입과 지출 활동이 재정이다.

정부는 재정운영을 통해 일정한 역할을 수행하고자 한다. 전통적으로 재정은 크게 효율적 자원배분, 소득재분배, 경제안정화의 기능을 수행하는 것으로 알려져 있다.[5]

자원의 효율적 배분은 시장경제체제 아래 시장을 통해 자연스럽게 이루어진다. 다만 공공재는 외부성과 비배제성[6] 등의 특징으로 인해 시장에만 맡기면 효율적인 공급과 배분이 이루어지지 않기 때문에 정부가 자원배분에 개입할 필요가 있다. 한편, 자원이 시장을 통해 효율적으로 배분되더라도 국민의 소득까지 공정하게 배분되지는 않는다. 그래서 정부는 재정을 통해 소득재분배 기능도 수행한다. 조세수입에 있어 누진세를 적용하거나 재정지출 측면에서 저소득층 지원 등이 소득재분배 기능에 해당한다. 아울러 정부는 경기침체나 인플레이션 등의 시기에 재정정책을 통해 총수요를 조절함으로써 경제안정화를 도모하기도 한다. 이렇게 정의되는 재정의 기능도 필요 최소한에 그쳐야 한다는 견해부터 한결 적극적인 역할을 요구하는 견해까지 다양한 주장이 제기되고 있다. 과거의 역사를 보면 재정운영자인 정부의 역할에 대한 인식 변화에 따라 재정의 역할과 기능도 변해왔다.

17세기 중상주의 시대에는 정부가 정치, 경제, 행정, 공공질서 확립에 이르기까지 적극적으로 개입해야 한다는 인식이 강했다. 따라서 재정의 역할과 기능이 상당히 광범위했다. 18세기에는 애덤 스미스(Adam Smith)의 사상을 바탕으로 한 최소국가론이 대두되어 시장 중심의 자유주의가 유행했다. 애덤 스미스는 사회가 생산에 필요한 토지와 자본을 가장 효과적으로 사용하도록 하려면 이기심을 충족하려는 시민 개개인이 스스로 알아서 계약하고 거래하고 교환하도록 내버려두는 것이 최선이라고 보았다. 이때에는 정부의 역할을 국가존립에 필요한 국방, 외교, 치안부문으로 제한하고, 재정도 공공재의 공급에 한정하고 규모도 최소화해야 한다고 믿었던 시대였다. 19세기 중반에 들어서는 빈부격차의 확대로 사회문제가 심각해지자 정부의 사회복지 기능이 강조되었다. 밀(John Stuart Mill)은 복지국가로의 전환을 강조하면서 재정의 역할도 한층 확대해야 한다고 주장했다.[7]

정부의 역할과 기능은 20세기 이후 케인즈와 프리드먼의 시대를 거치면서 다시 변화하게 된다. 케인즈(J. M. Keynes)는 1920년대 말 대공황을 맞이하여 이를 극복하고 경제를 살리려면 정부가 총수요를 관리하고 유효수요를 확대하는 적극적인 재정정책을 수행해야 한다고 주장했다. 재정정책과 재정의 적극적인 역할이 강조되기 시작한 것이다. 케인즈는 당시 고전학파로부터 내려오던 균형재정에 대한 지배적 사고에서 벗어나 확장적 재정정책과 적자지출의 필요성을 제기하였고, 이에 따라 국가채무의 누적도 총수요 관리를 위한 필수적인 정책도구로 인식하였다. 케인즈로 인해 시장에 대한 정부의 적극적 역할론이 대세로 등장하게 되었다.

제2차 세계대전 이후에는 재정지출을 확대하는 성장위주의 정책에서 인플레이션을 억제하고, 경제를 안정되게 운용하는 방향으로 정책의 중점이 변화했다. 1970년대 대표적인 통화주의자인 밀턴 프리드먼(Milton Fridman)은 『자본주의와 자유』 등을 통해 자유시장의 장점을 강조했다. 프리드먼은 개인의 자유를 보호하고 시장기능이 제대로 작동하기 위해서는 작은 정부여야 하고, 시장에서 경쟁을 촉진하는 데 중점을 두어야 한다고 했다. 프리드먼은 이와 같이 시장원리를 강조하면서 재정정책도 통화정책과 마찬가지로 엄격한 준칙 아래 극히 제한된 역할만 주어져야 경제가 안정적으로 성장할 수 있다고 강조했다. 1980년대 이후 미국의 로널드 레이건 대통령과 영국의 마거릿 대처 총리 등으로 대표되는 신자유주의가 확산되면서 세계경제는 금융규제 완화 및 노동시장 유연화가 강조되었다. 특히, 1995년 WTO 체제와 EU 출범으로 자유무역이 확산되고 세계는 글로벌 생산체제가 강화되어 갔다. 이 시기 복지국가의 기능은 축소되고 시장의 효율성을 강조함에 따라 재정의 역할도 축소되었다. 이로 인해 사회적 불평등, 빈곤, 실업, 환경 파괴 등의 문제점을 낳았다는 평가가 있다.

한편, 2008년 글로벌 금융위기 이후의 논의는 재정의 역할을 강조하는 데 집중되었다. 특히 경기침체기에는 정부가 재정을 활용해 경기를 부양하는 효과가 크다는 점과 이력효과를 극복하고 장기적인 성장을 촉진하기 위해서도 적극적인 재정지출을 통한 총수요 관리가 필요하다는 점이 강조되었다. 이 시기에는 단기적으로 위축된 수요를 보완하고 끊어진 공급망에 숨을 불어넣을 수 있는 것이 재정이라는 것이다. 즉, 경제가 위기를 버티고 민간이 성장을 견인해 나갈 수 있도록 재정이 일시적인 마중물 역할을 함으로써, 경제의 위기가 공황으로 이어지는 것을 방지해야 한다는 것이다. 특히, 2008년의 글로벌 금융위기 때는 이자율이 매우 낮은 수준에 있었기 때문에 이자율을 조정하는 금융정책의 효과성에 대한 의문이 제기되었다. 기준금리가 이미 낮아서 통화정책에 한계가 있고, 기준금리가 경제성장률보다도 낮은 경제 환경에서는 재정정책이 경제 안정화를 위해 더 적극적인 역할을 해야 한다는 것이었다. 경제성장률보다 이자율이 낮은 것으로 전망될 경우 적극적인 재정운영을 해도 GDP대비 정부부채에 대한 이자지출 비중도 낮게 유지될 수 있다. 다만, 경제가 어려울 때 재정이 적극적인 역할을 하기 위해서는 재정의 건전성이 유지되고 있어야 할 것이다. 그래야 경제위기 시 적자재정 운영을 통해서 '최후의 보루' 역할을 할 수 있다.


## 통합재정수지와 관리재정수지, 그 차이를 이해하다

정부가 재정의 기능을 수행함에 있어 정부수입 내에서 정부지출을 하면 재정적자가 발생하지 않는다. 그러나 최근 대부분의 국가들은 재정의 기능을 수행하기 위해 정부수입을 초과한 지출을 한다. 본래

재정적자는 일정한 기간 동안 정부지출이 정부수입을 초과하는 것을 의미하고, 국가채무는 어느 시점을 기준으로 하여 그때까지 발생한 재정적자의 누적 총합을 의미한다. 따라서 재정적자가 발생하게 되면 국가채무의 규모가 늘어나게 되고 반대로 재정흑자가 발생하면 국가 채무는 줄어들게 된다. 국가채무가 증가하더라도 경제성장률이 높아 채무를 감당할 능력이 있으면 국가의 재정위험은 상대적으로 적어질 것이다. 따라서 GDP대비 국가채무의 상대적 비율도 중요한 재정건 전성 지표가 된다.

정부의 순수한 수입과 순수한 지출, 총수입과 총지출의 차이를 재정수지라고 한다. 재정의 모든 수입(자체수입, 내부거래수입, 보전수입의 합)과 모든 지출(일반지출, 내부거래지출, 보전지출의 합)은 항상 같지만, 이를 보고 정부 재정의 수지가 균형이라고 해서는 안 된다. 내부거래와 보전거래가 제외된 총수입[8] 과 총지출[9] 만으로 수지를 계산해야 한다. 우리나라에서 사용하는 재정수지의 종류에는 통합재정수지와 관리대상수지가 있다. 통합재정수지는 통합재정수입에서 통합재정지출을 차감한 것이다. 그런데 이렇게 계산한 값은 총수입에서 총지출을 차감한 값과 같다. 그래서 총수입에서 총지출을 차감한 재정수지도 통합재정수지라고 부르는 것이다. 통합재정수지는 일반회계, 특별회계, 기금을 포함하는 순계기준으로 계산한다. 또한 보전적 거래도 정상적인 재정 활동이 아니기 때문에 재정수지 계산에서 제외한다. 보전적 거래란 재원이 부족해서 재원을 빌려오거나 재원이 남을 때 이를 빌려주는 거래이다.

국제 간의 재정수지 비교는 일반적으로 통합재정수지를 사용한다. 그런데 우리나라와 같이 사회보장성 기금의 성숙도가 낮은 나라의 경우 통합재정수지만을 기준으로 재정건전성을 판단하는 것은 기금제도가 성숙되는 동안 재정건전성이 지나치게 좋게 나타나는 경향이 있다. 예를 들어 국민연금의 경우 1988년에 도입이 되어 아직까지는 납부하는 사람은 많은 반면 연금수급 대상자는 많지 않은 상황이기 때문에 연금수지가 항상 흑자인 상황이다. 국민연금이 현재 GDP의 2% 수준 흑자를 내어 대규모의 여유자금이 쌓이고 있지만, 이 여유자금은 나중에 연금으로 지출해야 할 재원이다. 따라서 이를 반영하여 우리나라의 재정수지가 건전하다고 판단하면 오류가 있게 된다. 우리나라의 경우 이와 같은 오류를 방지하고자 '관리재정수지'라는 개념을 사용하고 있다. 관리재정수지는 통합재정수지에서 사회보장성 기금(국민연금기금, 사립학교교직원연금기금, 고용보험기금, 산업재해보상보험 및 예방기금) 수지를 제외한 수지를 말한다. 사회보장성기금 수지를 제외하는 것은 이 기금들의 수입은 중장기적인 미래 지출을 위한 것으로 당해 연도의 재정활동의 결과로 보기 어렵고, 기금의 성숙도에 따라 대규모 흑자나 적자가 발생하여 당해 연도의 재정활동을 판단하는 데 효과적이지 않기 때문이다.[10] 다만, 현재 고용보험기금 재정상황이 악화되고 있고, 사학연금과 국민연금은 대략 28년 및 48년 정도 이후에 적자로 전환이 예상되는 바 향후 어느 시점에는 우리의 재정건전성을 정확히 파악하는 지표로 관리재정수지가 아니라 통합재정수지를 활용해야 하는 상황도 미리 점검하고 대비할 필요가 있다.

| 재정수지 | 정부의 순수한 수입과 순수한 지출의 차이 |
|---|---|

| 통합<br>재정수지 | 통합재정수입 - 통합재정지출 = 총수입 - 총지출<br>[참고] 기초 재정수지: 통합재정지출에서 국채 이자지출을 제외하여 계산한 재정수지<br>=통합재정수입-(통합재정지출-국채이자지출) = 통합재정수지 + 국채이자지출 |
|---|---|

| 관리<br>재정수지 | 통합재정수지-사회보장성기금(국민연금, 사학연금, 고용보험, 산재보험 및 예방기금)<br>사회보장성기금의 수입은 중장기적인 미래지출을 위한 것, 기금의 성숙도에 따라 흑자나<br>적자 발생으로 당해연도 재정활동으로 보기 곤란 |
|---|---|

〈그림 2-1〉 통합재정수지와 관리재정수지

통합재정수지와 관리재정수지 간의 관계를 결산자료를 예로 살펴보자. 〈표 2-1〉을 보면 결산 기준으로 2024년도의 통합재정수지는 총수입 594.5조원에서 총지출 638.0조원을 차감한 것으로 43.5조원 적자이다. 그런데 이는 사회보장성기금 수지가 61.3조원 흑자에 의한 것이기 때문에 통합재정수지 적자에서 사회보장성기금 수지 흑자액을 제외하면 관리재정수지는 104.8조원 적자가 된다.

| | 2020년 결산 | 2021년 결산 | 2023년 결산 | 2024년 결산 |
|---|---|---|---|---|
| □ 총수입(A) | 478.8 | 570.5 | 573.9 | 594.5 |
| ○ 국세 | 285.5 | 344.1 | 344.1 | 336.5 |
| ○ 국세外 | 193.2 | 226.5 | 229.8 | 258.0 |
| □ 총지출(B) | 549.9 | 601.0 | 610.7 | 638.0 |
| □ 통합재정수지<br>(GDP대비, %) | △71.2<br>(△3.7) | △30.5<br>(△1.5) | △36.8<br>(△1.5) | △43.5<br>(△1.7) |
| □ 사보기금수지 | 40.8 | 60.1 | 50.3 | 61.3 |
| □ 관리재정수지<br>(GDP대비, %) | △112.0<br>(△5.8) | △90.6<br>(△4.4) | △87.0<br>(△3.6) | △104.8<br>(△4.1) |
| □ 국가채무<br>(GDP대비, %) | 846.6<br>(43.6) | 970.7<br>(46.9) | 1,126.8<br>(46.8) | 1,175.2<br>(46.1) |

〈표 2-1〉 우리나라 통합재정수지와 관리재정수지

자료: 기획재정부, 단위: 조원

# 국가채무(D1), 일반정부부채(D2), 공공부문부채(D3)

일반적으로 국가채무는 정부가 민간이나 해외에 원리금 상환의무를 지고 있는 채무를 가리키는데, 그 포괄 범위와 현금주의 또는 발생주의 등의 방식에 따라 좁은 의미의 국가채무(D1), 일반정부부채(D2) 및 공공부문부채(D3) 등 세 가지로 표현할 수 있다.

과거 우리나라 국가채무 통계는 현금주의에 따라 중앙정부의 채무와 지방자치단체의 채무를 포함하여 작성하고 있었다. IMF의 1986년 재정통계편람에서는 국가채무를 '일반정부가 직접적인 상환의무를 부담하는 확정채무'라고 규정하고 있다. 이러한 좁은 의미의 국가채무 정의에 따르면 일반정부가 아닌 공기업과 중앙은행의 채무는 국가채무가 아니다.[11]

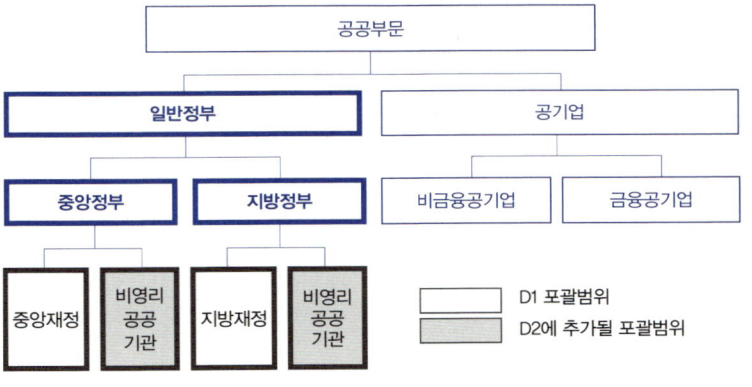

〈그림 2-2〉 국가채무 작성범위

또한, 현금주의 방식에 따라 상환시기와 금액이 확정된 채무만 국가채무로 인식하기 때문에 정부가 정부 외의 차입자 채무에 대해 그 지불을 보증하는 보증채무와 연금 등 사회보장제도의 책임준비금 등 우발채무는 확정채무가 아니므로 국가채무에 해당하지 않는다. 〈그림 2-3〉과 같이 국가채무는 중앙정부채무와 지방정부 순채무의 합계로 구성된다. 중앙정부채무는 국채(국고채, 국민주택채권, 외평채), 차입금, 국고채무부담행위[12] 를 포함한다. 국고채는 재정수지상 세입 부족액을 보전하고 수지의 균형을 도모하기 위해 국가가 발행하는 채권이다. 전체 중앙정부 채무의 대부분은 국고채가 차지하고 있다. 국민주택채권은 임대주택 건설, 전세자금 대출 지원 등 서민 주거생활 안정을 위한 목적으로 발행된다. 외평채는 1998년 외환위기 이후 외환보유액 확충을 위해 발행되었다. 지방정부의 채무는 지방채와 지방교육채로 구분할 수 있다.

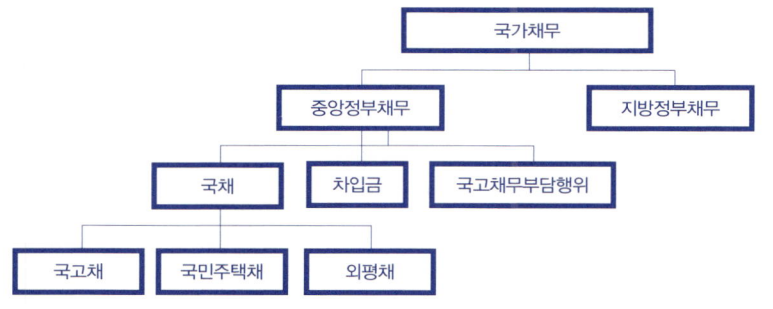

〈그림 2-3〉 좁은 의미의 국가채무(D1) 구조

가장 좁은 범위의 국가채무(D1)에다 '공무원연금공단, 국립공원관리공단, 국민건강보험공단, 도로교통공단'처럼 정부가 직접 운영하는 것은 아니지만 재정적 책임을 지는 비영리공공기관 220여 곳의 부채를 합치면 일반정부부채(D2)가 된다. 이 일반정부부채(D2)의 규모는 재정건전성을 포괄적으로 파악하거나 IMF 같은 기관에서 일반정부부채를 국가별로 비교할 때 활용한다. 여기에 국립대학병원, 조폐공사, 한국전력, 한국수자원공사 같은 비금융 공기업 160여 곳의 부채까지 합치면 가장 넓은 범위인 공공부문부채(D3)가 된다. 공공부문부채(D3)는 공공부문 전반의 재정건전성을 포괄적으로 파악하기 위한 지표로, 7개 국가만이 이를 작성하고 있다.

2023년 우리나라의 채무를 보면 국가채무(D1)는 1,126.8조원, 일반정부부채(D2)는 국가채무(D1)보다 90.5조원이 많은 1,217.3조원, 공공부문부채(D3)는 일반정부부채(D2)보다 456조원이 더 많은 1,673.3조원에 이른다. IMF가 발표하는 국가채무의 통계가 정부통계보다 더 크게 나오는 것은 정부통계는 국가채무(D1) 기준이고 IMF 통계는 국제 비교에 사용되는 일반정부부채(D2)이기 때문이다.

| 유형 | 규모(2023년)<br>(GDP대비) | 포괄범위 | 산출기준 | 활용 |
|---|---|---|---|---|
| 국가채무<br>(D1) | 1,126.8조원<br>(46.8%) | 중앙 및 지방정부의<br>회계·기금 | 국가재정법,<br>현금주의 | 국가재정<br>운용계획 |
| 일반정부부채<br>(D2) | 1,217.3조원<br>(50.5%) | D1 +<br>비영리공공기관 | 국제지침,<br>발생주의 | 국제비교<br>(IMF, OECD) |
| 공공부문부채<br>(D3) | 1,673.3조원<br>(69.5%) | D2 +<br>비금융공기업 | 국제지침,<br>발생주의 | 공공부문 재정건전성<br>관리 |

〈표 2-2〉 부채 유형별 비교(2023년 결산기준)

자료: 기획재정부

국가 간에 부채 규모를 비교할 때는 국제기준인 일반정부부채 (D2)를 기준으로 비교해야 한다. 여기서 '일반정부'란 중앙정부, 지방 정부, 비영리 공공기관을 포함하는 개념이다. 비영리 공공기관은 일 반정부에 포함되지만, 공기업은 포함되지 않는다. 공기업까지 포함한 부채는 '공공부문부채(D3)'라고 부른다. 그런데 가끔 우리나라의 공 기업 부채까지 합쳐서, 다른 나라보다 부채가 훨씬 크다고 주장하는 경우가 있다. 그러나 국제적으로는 일반정부부채(D2)를 기준으로 비 교하는 것이 원칙이므로, 우리나라만 공공부문부채(D3)를 기준으로 삼아 다른 나라의 일반정부 부채(D2)와 비교하는 것은 잘못된 방식 이다.

국가채무와 경제위기

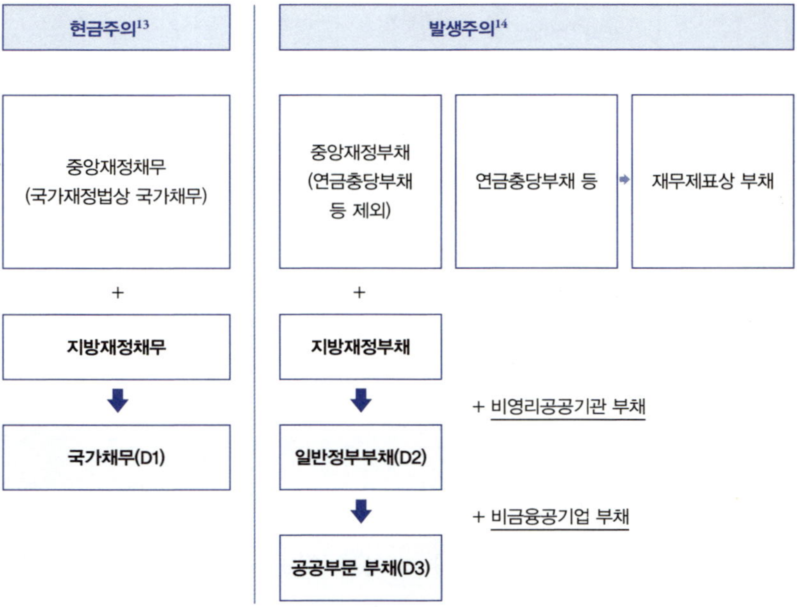


*재정은 회계·기금을 의미

〈그림 2–4〉 부채 유형별 구분도

## 국채는 언제 발행하는가

국채시장은 정부의 적자재정 운영과 밀접하게 관련되어 있다. 정부는 조세수입만으로는 재정수요를 충당하기 어려울 때 부족한 자금을 보완하기 위해 국채를 발행한다. 현재 발행되는 국채의 종류에는 국고채, 재정증권, 외국환평형기금채권, 국민주택채권(제1종), 개인투자용 국채가 있다.

재정증권은 정부의 일시적인 자금 부족을 메우기 위해 발행하는 채권으로, 만기 1년 이내의 할인채 형태로 발행한다. 외국환평형기금채권은 국제 금융시장에서 한국의 기준금리를 제시하고, 우리나라를 해외에 홍보하기 위해 발행한다. 이 채권은 외화표시채 형태로 해외 채권시장에서 발행한다. 국민주택채권은 국민주택 건설 재원을 마련하기 위한 것으로 첨가소화[15] 방식으로 발행된다. 개인투자용 국채는 매입 자격을 개인으로 한정하여 발행하는 저축성 국채를 말한다. 정부는 국민의 안정적인 자산 형성을 지원하고, 금융기관에 집중된 국채 수요를 다변화하기 위해 2024년 6월 개인투자용 국채를 처음 도입했다.

국고채는 각 기금이나 회계에 필요한 자금을 공급하기 위하여 발행한다. 현재 국내 채권시장을 대표하는 채권으로 한국 자본시장의 지표금리를 제공하고 있다. 국고채 종류로는 원금과 이자가 고정된 일반적인 채권형태의 국고채와 원금과 이자가 물가에 따라 변동하는 물가연동국고채가 있다. 일반적인 형태의 국고채는 만기 2년물,

3년물, 5년물, 10년물, 20년물, 30년물, 50년물까지 일곱 종류가 있다.

국채시장의 잠재적 투자자는 유형에 따라 금융기관(은행, 증권사, 보험, 연기금 등)과 비금융기관(비금융회사, 개인)으로 분류된다. 주요 국채 투자자 가운데 은행이 전통적으로 가장 많은 국고채를 보유하고 있다. 국채 투자는 주로 기관투자자 중심으로 이뤄지며, 아직까지 개인투자자의 비중은 낮은 상황이다. 한편, 외국인 국채투자는 1997년 외환위기 당시 채권시장을 외국인에게 완전 개방한 이후로 꾸준히 증가하고 있다. 외국인은 2023년 말 기준으로 국고채 발행잔액의 약 22.0%에 해당하는 219.5조원을 보유하고 있다. 전통적으로 국채시장은 주로 내국인과 은행들에 의존해 왔으나, 점차 외국인과 은행 외 금융기관 투자자들의 중요성이 부각되고 있다.

(단위: 조원)

| 구분 | 은행 | 연기금 | 보험 | 증권 | 투신 | 기타 | 계 |
|---|---|---|---|---|---|---|---|
| 보유액 | 423.4 | 113.9 | 277.3 | 123.6 | 63.3 | 56.0 | 1,057.5 |

〈표 2-3〉 주요 국고채 투자기관

자료: 기획재정부, 국채 편람 2023. *2023년 말 기준. 예탁결제원(STRIPS 채권 포함)

국채시장은 발행시장과 유통시장으로 나뉜다. 발행시장에서 국고채는 국고채 전문 딜러만을 대상으로 한 경쟁입찰 방식을 취한다. 발행시장에서 채권을 인수한 투자자는 채권의 만기일 전에 발행자에게 원금 및 이자의 상환을 청구할 수 없다. 따라서 만기이전에 채권을 현금화하려는 투자자에게 채권의 환금성을 제공하기 위해서는 채권의 유통시장이 필요하다. 유통시장은 이미 발행된 채권이 거래되는 제2차 시장(Secondary Market)이며, 채권이 투자자 사이에 수평적으로 이동되는 횡적 시장이다. 유통시장은 채권 보유자에게 채권 양도를 통한 투자수익을 실현할 수 있는 기회를 제공한다. 국고채는 상대적으로 유동성이 큰 3~10년물 위주로 거래가 이루어지고 있으며, 2023년 기준 국고채 거래량이 전체 채권거래량의 약 55.2%(1,852.5조 원)를 차지하며 지표채권 역할을 담당하고 있다.

## 경기보강을 위한 재정정책과 국채시장

경기침체나 경제위기 시에는 성장률 하락으로 국세수입이 줄어든다. 경기보강을 위한 적극적인 재정지출 확대 정책을 수행하려면 국채발행을 통한 재원조달이 반드시 필요하다. 연중에 추가경정예산 등을 통해 국채를 추가 발행할 경우 국채금리가 상승하는 것이 일반적이다. IMF[16]와 조세재정연구원[17] 등에서 실시한 연구에 따르면, 국고채 1조원 추가 발행 시 국고채 금리는 약 1bp 내외로 상승하는 것으로 분석된다. 다만, 실제 금리 상승 정도는 통화정책에 대한 기대, 시장 상황, 외국인 자금 유입 등 발행량 이외 요인들이 복합적으로 작용한다. 우리나라의 경우, 지난 10년간 국채의 추가 발행이 필요한 추가 경정예산을 편성한 해는 총 여섯 차례(2013년, 2015년, 2019년, 2020년, 2021년, 2022년)이다. 이 중 국채 추가발행 규모가 컸던 해는 다섯 차례에 해당한다.

(단위: 조원)

| 연도별 | 2013 | 2015 | 2020 | 2021 | 2022 |
|---|---|---|---|---|---|
| 국채 추가발행 규모 | +15.8 | +7.6 | +44.2 | +9.9 | +11.3 |

〈표 2-4〉 추경에 따른 국채 추가발행 규모

*2019년은 추가발행 규모가 미미해서 제외

2013년에는 세금 수입이 줄어든 것에 대응하고 일자리를 지원하고자 추경을 했는데 국채의 추가발행 규모가 상당히 큰 경우였다. 이때 미국 연방준비위원회 의장의 테이퍼링[자산매입 축소] 발언(2013. 05. 23) 이후 실제 시행(2023. 12. 18)까지 글로벌 금융시장 변동성이 커졌고, 국채금리도 상승 폭이 높아졌다. 2021년은 5월 금융통화위원회 이후 연내 기준금리 인상 기대감이 확산되며 국채 3년물 금리가 상승하였고, 실제 금리 인상 개시(2021. 08. 26) 후 상승폭이 더 확대된 바 있다. 따라서, 적자국채발행을 통한 재정정책을 추진할 때는 국채금리의 변동이 커져 금융 불안을 야기하지 않도록 주의해야 한다.

2020년에는 코로나19 발생으로 정부는 그해 네 차례에 걸친 추가경정예산[추경]을 편성하였고, 팬데믹의 영향이 지속됨에 따라 2021년에도 두 차례 추경을 실시하였다. 당시 경기침체에 따라 세입이 부족하였기 때문에 적자국채발행을 통한 재원조달을 할 수밖에 없었다. 이에 따라 연평균 100조원 정도이던 국채발행이 코로나 기간 중에는 연간 170조원 규모로 크게 증가하였다.

(단위: 조원, %, 기말, 년)

| | 2016 | 2017 | 2018 | 2019 | 2020 | 2021 | 2022 | 2023 |
|---|---|---|---|---|---|---|---|---|
| 국고채 잔액 | 516.9 | 546.7 | 567.0 | 611.5 | 726.8 | 843.7 | 937.5 | 998.0 |
| (전체채권대비) | (32.4) | (33.0) | (33.0) | (33.6) | (35.5) | (37.8) | (39.9) | (40.0) |
| 국고채 발행 | 101.1 | 100.8 | 97.4 | 101.7 | 174.5 | 180.5 | 168.6 | 165.7 |

〈표 2-5〉 국고채 발행과 잔액 추이

자료: 기획재정부, 국채백서

국채발행 규모가 크게 늘어나면, 시장에서 이를 원활하게 소화하는 것이 중요하다. 국채가 과도하게 공급될 것으로 예상되면, 시중의 국채금리가 오르는 원인이 된다. 국채금리가 급격히 오르면 국채가격은 떨어지고, 그 결과 국채를 보유한 기관투자가 등의 자산가치도 함께 하락하는 문제가 생긴다.

따라서 정부는 국채를 많이 발행하더라도 시장에서 국채금리가 급등하지 않도록 안정적으로 소화할 수 있는 방안을 마련해야 한다. 이 과정에서 국채금리를 안정시키기 위한 중앙은행의 역할도 매우 중요하다. 예를 들어, 통화정책 측면에서 기준금리를 낮게 유지하거나, 중앙은행이 국채를 직접 사들이는 방식이 국채금리 안정에 도움이 될 수 있다.

한국은행은 한국은행법 제57조에 따라 정부가 발행하는 국채를 직접 인수할 수 있다. 하지만 이 방법은 시장에 부정적인 신호를 줄 수 있기 때문에, 정말 불가피한 경우에만 사용하는 최후의 수단으로 간주된다.

우리나라는 코로나 팬데믹이 끝난 2023년 이후 재정적자 규모를 대폭 축소하는 방향으로 정책을 전환하였다. 이에 따라 국고채 순발행 규모는 2022년 104조 8,000억원에서 2023년 61조 5,000억원 규모로 크게 줄어들었다. 다만, 코로나19 팬데믹 대응과정에서 늘어난 국채 잔액의 만기도래가 시작되면서 2023년부터 국고채의 만기도래액이 급증하게 된다. 따라서 차환발행을 포함한 2023년 총 발행규모는 167조 8,000원 수준으로 2022년 총 발행규모 177조 3000억원 대비 소폭 감소하는 수준이 되었다. 향후 국고채 이자부담의 증가, 인구구조 변화에 따른 복지지출 확대 등 재정지출의 확대가 불가피하고, 윤석열 정부의 감세정책의 영향, 선거과정의 재정지출 확대 공약 등을 감안할 경우 재정적자와 국가채무의 증가는 피하기 어려운 상황이다. 이렇게 될 경우 국채의 공급이 지속적으로 커질 가능성이 있으며, 국채의 수요가 충분히 확보되지 않으면 공급증가에 따른 국채금리 인상 가능성이 높을 것이다.

미국의 경우 지난 2025년 5월 16일 무디스(Moody's)가 재정적자의 지속을 이유로 미국의 신용등급을 한 단계 강등시킨 이후 국채 수요가 줄어 국채금리가 급등하였다. 20년물 미국 국채금리가 경매에서 최대 5.047%로 올라서 2025년 4월 입찰 때의 4.81%대비 23.7bp나 급등하였다. 일본의 경우도 2025년 5월 재무성이 실시한 국채 입찰에서 투자자 수요가 극도로 부진하자 20년 만기 국채금리가 한때 4월 2.25%에서 5월에는 2.58%까지 급등하여 지난 25년 만에 최고치를 나타낸 바 있다.

065

국가해방과 정치하기

## 우리나라 공공기관의 부채 현황

공공기관은 정부와 독립적으로 운영되지만, 일부 기관은 정부의 예산 지원을 받거나 국가의 보증을 받기도 한다. 따라서 이들 기관이 빚을 지면, 정부가 대신 책임질 가능성이 있어 부채 관리가 중요하다. 이에 정부는 2012년부터 주요 공공기관의 장기적인 재무 관리 계획을 세워 국회에 보고하며, 공공기관의 부채가 안정적으로 관리될 수 있도록 노력하고 있다.

2023년 기준 우리나라에는 327개의 공공기관이 있으며, 이 중 은행을 제외한 324개 기관(공기업 32개, 준정부기관 55개, 기타 공공기관 240개)에 대한 부채 통계를 작성한다. 공공기관의 부채는 해마다 증가하는 경향이 있으며, 특히 2022년과 2023년에 큰 폭으로 늘어났다. 2022년에는 공공기관의 부채가 86.6조원 증가하여 전년 대비 14.8% 늘어났고, 2023년에는 38조원 증가해 5.7% 상승했다. 증가율은 다소 낮아졌지만 여전히 높은 수준이다.

특히 한국전력과 한국가스공사의 부채가 급격히 증가하면서 전체 공공기관의 재무 상황이 악화되었다. 한국전력의 부채는 2021년

145.8조원에서 2022년 192.8조원으로 증가하였고, 가스공사의 부채도 2021년 34.6조원에서 2022년 52조원으로 늘어났다. 이러한 에너지 공기업의 부채 증가 속도는 공공요금 인상 억제로 인해 원가보다 낮은 요금제가 유지된 것과 관련이 있는 것으로 보인다.

정부는 공공기관 부채비율 안정화 등 재무구조 개선을 적극 추진하여 공공기관 부채가 국민경제 부담으로 전이되지 않도록 하는 재정건전화 계획을 추진하고 있다.

| 구분 | 2019년 | 2020년 | 2021년 | 2022년(a) | 2023년(b) | 증감(b-a) |
|---|---|---|---|---|---|---|
| 전체(324) | 524.6 | 541.8 | 584.3 | 670.9 | 709.0 | 38.0 |
| 공기업(32개) | 384.6 | 394.1 | 429.4 | 507.8 | 522.9 | 15.1 |
| 준정부(55개) | 119.9 | 124.1 | 127.8 | 135.6 | 155.8 | 20.2 |
| 기타(240개) | 20.1 | 23.6 | 27.1 | 27.5 | 30.2 | 2.7 |

〈표 2-6〉 공공기관 부채 추이

자료: 기획재정부, 단위: 조원, %

3
장

미
리
보
기

■ OECD 국가들의 국가채무는 저출산·고령화, 복지지출 증가, 기후
변화 대응, 국방비 확대 등으로 지속 증가하고 있다.

■ 일본은 자국 통화 국채와 낮은 금리 덕분에 높은 국가채무에도 당장
위기를 피했지만, 고령화에 따른 지출 증가와 금리 상승에 대비한 채
무 지속 가능성과 세대 간 형평성 문제가 과제로 남아 있다.

■ 미국은 코로나19 대응과 경기부양으로 국가채무가 급증해 GDP대비
비율이 최고 수준에 이르렀으며, 고금리와 정치 갈등 속에 재정 유연
성이 낮아지고 신용등급도 하향 조정되는 등 재정 측면의 위험이 커
지고 있다.

3장

# 세계를 덮친 빚 폭탄

일본과 미국 사례

그동안 OECD 국가들의 국가채무가 지속적으로 증가해 왔다. 최근 일본과 미국 등 OECD 주요 국가들의 국가채무는 빠르게 늘어나는 추세이다. 특히 코로나19 기간을 거치면서 OECD 국가들의 GDP대비 국가채무 비율이 크게 증가하였다.

OECD 회원국들은 저출생과 고령화로 인한 인구구조 변화에 직면해 있으며, 이에 따라 노인 연금과 의료비 등 복지지출이 늘어나고 있다. 또한 전 세계적으로 기후변화 대응을 위한 녹색전환이 추진되면서 관련 재정지출도 크게 증가할 것으로 전망된다.

더욱이 러시아와 우크라이나 전쟁으로 인해 각국의 안보 중요성이 커지면서 국방비 지출도 증가하는 상황이다. 한편, 재정수입 측면에서는 저성장과 저출생 등으로 인해 세입기반이 약화되고 있다.

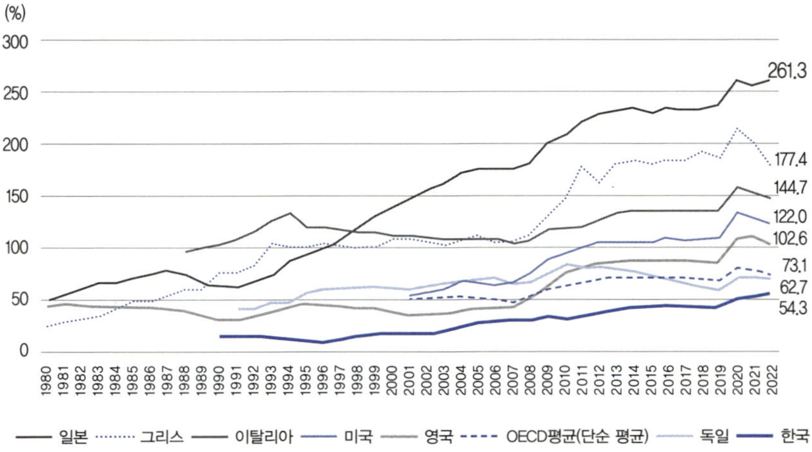

(%)

300

250 — 261.3

200 — 177.4

150 — 144.7
122.0
102.6

100

73.1
62.7
50 54.3

0

1980 1981 1982 1983 1984 1985 1986 1987 1988 1989 1990 1991 1992 1993 1994 1995 1996 1997 1998 1999 2000 2001 2002 2003 2004 2005 2006 2007 2008 2009 2010 2011 2012 2013 2014 2015 2016 2017 2018 2019 2020 2021 2022

—— 일본  ········ 그리스  —— 이탈리아  —— 미국  —— 영국  ---- OECD평균(단순 평균)  —— 독일  —— 한국

〈그림 3-1〉 주요국 국가채무 추이(GDP대비, %)

자료: IMF(1980~2022), 한국의 2024년 6월 GDP기준연도 변경 전 GDP 사용

〈그림 3-1〉에서 보는 바와 같이 독일을 제외한 대부분의 OECD 국가들의 국가채무 비율은 지속적으로 증가하는 양상이다. 일본, 그리스, 이탈리아 등의 국가채무 비율이 상대적으로 매우 높고, 특히 일본은 GDP대비 국가채무 비율이 250%를 넘어 OECD 국가 가운데 가장 높다. 일본은 저성장, 인구구조의 변화, 정치적 영향에 의한 비효율적 재정지출의 경험 등에 따른 재정적자의 누적과 이로 인한 국가채무의 급격한 증가라는 측면에서 우리나라에 주는 교훈이 적지 않다.

## 일본: 잃어버린 30년에서 찾은 교훈

일본은 1990년대 초 이후 '잃어버린 30년'으로 불리는 기간 동안 지속적인 재정적자에 시달리며 국가채무가 급증한다. 그 결과, GDP대비 국가채무 비율은 OECD 평균을 훨씬 웃도는 수준에 이르게 된다.

1993년 이전까지만 해도 일본의 국가채무는 경제성장과 함께 안정적으로 유지되며 GDP의 약 60% 수준을 유지한다. 그러나 1993년 이후 저성장과 비효율적인 재정운영으로 인해 국가채무가 빠르게 증가하기 시작한다. 특히 1993년부터 1998년 사이에 급속히 늘어나 1998년에는 GDP의 100%를 넘어선다. 이후 2008년에는 약 150%, 2019년에는 200%, 그리고 2023년에는 250% 수준까지 상승한다. 결국 지난 30년 동안 일본의 국가채무는 GDP대비 60% 수준에서 250% 수준으로 약 네 배 수준 이상 증가한다.

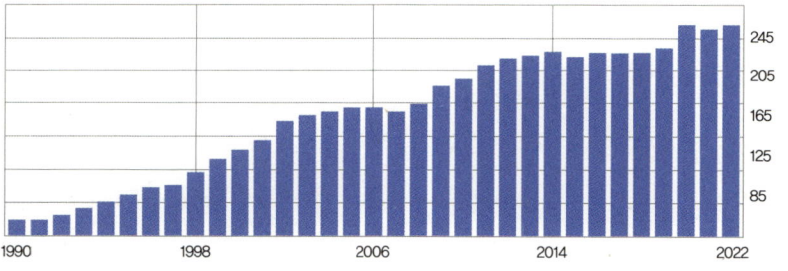

〈그림 3-2〉 일본의 국가채무 증가 추이(GDP대비 비율)

한편, 일본 재정의 수입과 지출 추이를 가장 잘 나타내는 것이 소위 '악어 입' 그래프이다. 일본은 1990년대 이후 지속적으로 적자재정을 운영해 왔고, 지출과 수입의 차이에 해당하는 부분을 건설공채나 적자보전 국채로 충당하여 왔다. 그런데 재정지출의 증가속도가 수입보다 커, 해가 감에 따라 지출과 수입의 격차는 더 커지게 되어 재정지출과 수입의 추이를 나타내는 그래프가 악어 입처럼 벌어지는 모양을 나타내게 된다. 이러한 악어 입 그래프는 재정적자의 폭이 지속적으로 커지는 위험을 경고한다.

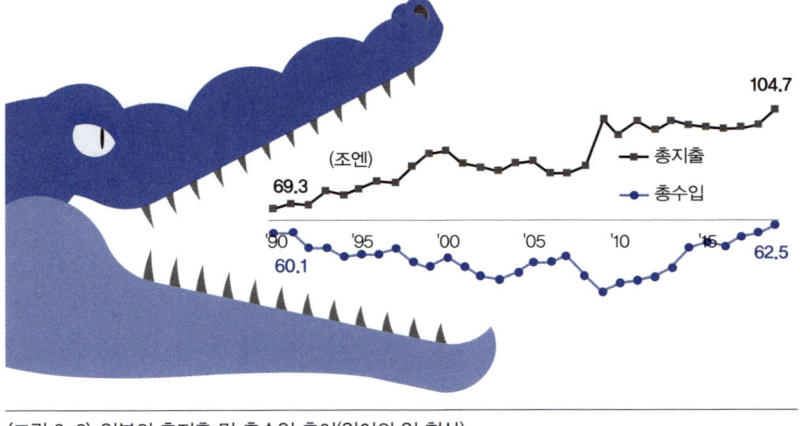

〈그림 3-3〉 일본의 총지출 및 총수입 추이(악어의 입 현상)

이처럼 일본의 재정이 '악어 입' 그래프의 모습을 보이는 것은 1990년대 초 거품이 붕괴되는 경제의 경착륙에 따라 법인세와 소득세 등의 세입이 감소한 반면, 사회보장비용은 급격히 증가하여 세입과 세출 간 격차가 확대되는 추세였기 때문이다.

〈그림 3-4〉의 재정지출과 수입, 국채에 관한 그래프를 보면 일본의 재정수입은 1991년을 정점으로 하여 2009년까지 지속적인 하락 추세를 보인다. 2010년 이후 다시 증가하나 그 폭은 그리 크지 않다. 이에 반해 재정지출은 지속적으로 증가하는 모습을 보이고 있다. 특히 1998년 외환위기, 2008년 글로벌 금융위기, 2020년 코로나19 등의 경제위기에 재정지출이 큰 폭으로 증가한 모습을 볼 수 있다. 그래프에서 보듯이 재정적자의 폭이 점점 커지게 되자 국채 중에 적자보전 국채(special deficit-financing bond)의 규모(막대그래프의 밝은색)가 매우 큰 비중을 차지하게 되었다.

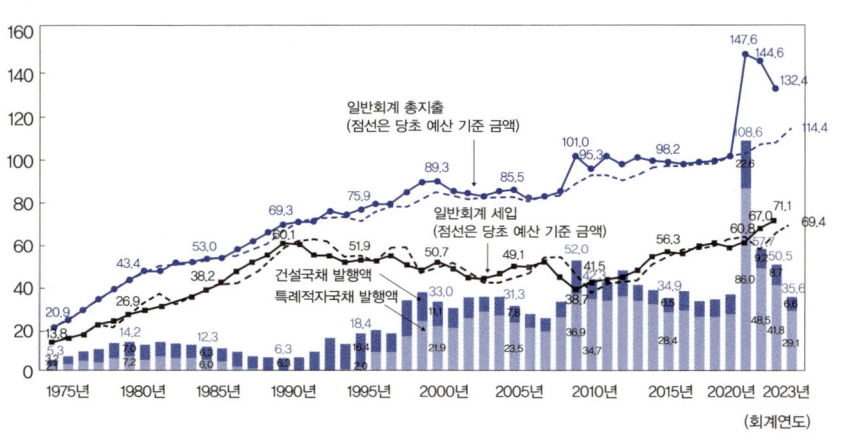

〈그림 3-4〉 일본의 재정지출, 수입, 국가채무 추이

자료: 일본 재무성

일본 중앙정부의 조세수입은 1990년에 62.8조엔(GDP대비 14.1%) 정도였으나, 이후 지속적으로 줄어 2012년에는 45.3조엔(GDP 대비 9.6%) 수준이 되었다. 특히 2000년대 초반에 조세수입이 크게 하락하였는데, 디플레이션이 지속되면서 경제주체의 명목수입이 감소했기 때문이다. 1990년대 자산시장의 버블을 막기 위한 긴축적인 통화정책으로 인해 경기 하강과 조세수입 기반의 약화를 초래한 결과로 이해된다. 일본은 1990년대 초부터 저성장 기간으로 들어가는 한편, 생산가능인구가 줄고 고령인구의 비중은 늘면서 사회안전망 확충을 위한 정부지출이 더욱 늘었다. 특히, 사회안전망 확충에 충당하기 위한 세입 재원의 부족으로 적자국채의 발행은 불가피하게 커져만 갔다.

1980년대에 세계 2위의 경제대국으로서 1990년까지 세계 1위인 미국까지 위협하며 빠르게 성장하던 일본경제는 1991년을 기점으로 성장률이 급격히 떨어지며 마이너스 성장을 거듭했다. 일본경제 추락과 적자재정의 확대는 몇 차례 찾아든 대외적 충격이 중요한 원인이었다.

첫 전환점이 된 것은 '플라자 합의'로, 1985년 미국, 영국, 프랑스, 독일, 일본 5개국의 재무장관과 중앙은행장들이 달러화 약세를 이루려 한 것이었다. 달러 강세로 인해 무역수지 적자가 커지던 미국이 달러화 약세를 도모함과 동시에 큰 폭의 대미 무역흑자를 기록하던 일본을 설득하여 엔화 강세를 유도했다. 이로 인해 당시 1달러당 240엔대였던 엔화 환율이 2년여 만에 120엔대로 급격히 절상되었다. 엔화의 급격한 강세로 일본 기업들의 대미 수출은 큰 타격을 받았고, 일본경제도 급속하게 불황에 빠져들었다. 엔화 강세로 수출이 어려워지자 일본 정부는 내수를 진작시켜 경제의 어려움을 극복하고자 했다. 기준금리를 낮추는 등 자금공급을 확대하는 통화정책을 추진했다.

하지만 환율 강세에도 불구하고 일본 기업들이 수출경쟁력을 갖추는 노력을 한 결과 대미수출이 시차를 두고 다시 회복되기 시작했다. 수출 기업들이 벌어들인 외화와 일본 정부가 내수 진작용으로 공급한 자금까지 더해져 일본 내에 통화가 급격히 팽창하기 시작했다. 이러한 통화의 팽창으로 주식과 부동산 가격이 갑자기 올라 자산버블이 급속하게 진행되었다. 자산가격 상승은 1990년경에 버블의 폭발 직전까지 이르게 된다.

당시 일본 정부는 버블에 대응하기 위해 은행의 부동산 대출을 금지하고 기준금리를 조정하는 등 과감한 긴축조치를 단행한다. 그런데 이렇게 강력하고 급격한 금융 긴축조치는 주식과 부동산 가격의 급락을 초래하게 된다. 버블의 붕괴를 맞이한 일본경제가 1997년에 또다시 아시아발 외환위기에 큰 충격을 받는다. 거품이 걷힌 후 어려워진 경제가 이때의 충격으로 본격적인 불황에 빠지게 된 것이다. 더구나 이 시기부터 일본의 생산가능인구가 감소하기 시작하면서 경제적인 생산능력이 떨어짐과 동시에, 생산된 제품에 대한 수요마저 함께 줄어드는 현상이 발생한다.

일본 경제가 디플레이션에 빠지자, 정부는 기준금리를 제로 수준까지 인하하며 경기 회복을 시도했지만 효과를 보지 못한다. 2000년대 중반 집권한 고이즈미 총리가 경제 구조개혁을 추진하며 조세수입이 일시적으로 회복되었으나, 2008년 글로벌 금융위기로 다시 악화된다. 구조개혁의 영향으로 일본 경제는 잠시 플러스 성장세를 보였지만, 금융위기의 충격으로 2009년 −5.4%의 성장률을 기록하며 전후 최대 하락폭을 나타낸다. 이로 인해 일본 경제는 다시 디플레이션에 빠지게 된다.

## 재정수입, 이렇게 줄었다

일본의 재정수입이 줄어든 첫 번째 원인은 경제성장률 하락이다. 1990년부터 2010년까지 20년 동안 연평균 −0.8% 내외의 디플레이션을 경험하면서 경제성장률의 하락으로 인한 세수기반이 구조적으로 약화된 재정상황을 맞이한다. 〈그림 3-5〉에서 보는 바와 같이 1980년대에 연평균 4.4%의 높은 경제성장률을 보이던 일본 경제가 1990년 이후 30년간 연평균 성장률이 1.1%로 떨어져 세수기반이 크게 약해졌다.

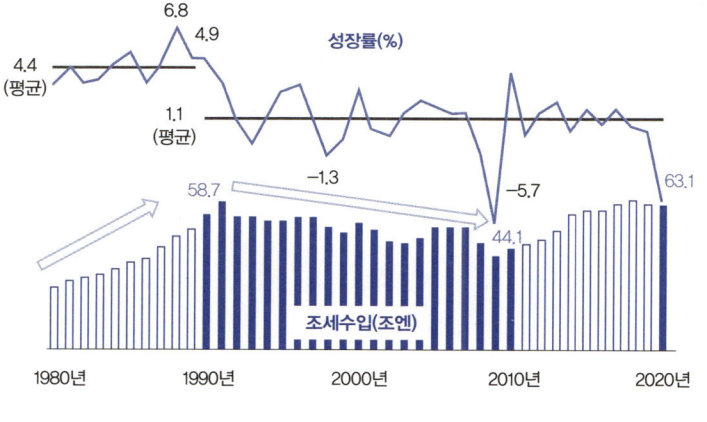

〈그림 3-5〉 일본의 경제성장률과 조세수입 추이

자료: OECD

재정수입 감소의 두 번째 원인은 바로 감세정책이다. 일본은 1994년, 1998년, 1999년 세 차례 감세정책을 실시한 바 있다. 1994년에는 지속된 경기침체를 완화하기 위한 감세정책으로 소득세 관련 공제를 확대하고 세율을 인하하였다. 1990년대 후반에는 아시아발 외환위기로 경기가 급락하였고 이에 대한 대응조치들도 이루어졌다. 1998년에는 1997년의 소비세 인상(3% → 5%)에 대한 대응조치로 법인세율 인하 및 소득세 특별감세를 실시하였다. 1999년에는 개인소득세의 최고세율을 50%에서 37%로 낮추고, 법인세의 기본세율도 34.5%에서 30%로 인하하였다. 소비세의 인상과 함께 이루어진 감세정책의 결과 간접세 수입은 1990년에 16.5조원에서 2012년에 19.5조엔으로 증가한 반면, 직접세는 소득세와 법인세의 실적 부진으로 인해 1990년에 46.3조엔에서 2012년에는 25.9조엔으로 세수가 크게 감

국가채무와 경제위기

**079**

소하였다. 이와 같은 조세감면 정책이 구조개혁을 통한 성장률 제고로 연결되지 못하면서 조세수입만 줄어드는 결과를 초래한 것으로 보인다.

〈그림 3-6〉 일본의 조세부담률 추이(좌)와 1990년대 감세 규모(우)

## 재정지출, 이렇게 늘었다

한편 재정지출의 증가 역시 재정적자와 국가채무가 늘어나는 데 중요한 요인이 된다. 일본 중앙정부의 재정지출이 늘어난 주원인은 다음 세 가지로 요약해 볼 수 있다.

첫째, 급속한 고령화에 따른 사회복지지출의 증가이다. 고령화 추세로 인해 사회복지에 투여하는 비용은 1990년대 중반부터 빠른 속도로 커졌고 최근까지도 증가세가 지속되고 있다. 고령화의 진전에 따라 연금수급자가 1990년 226만 명에서 2019년에는 2,568만 명으로 크게 증가하는 등 사회복지지출이 급증하여, GDP대비 사회복지지출(SOCX) 비중이 1980년에는 10.3%였는데 2017년에는 22.3%로 상승했다.

080　　　　　3장　세계를 덮친 빚 폭탄

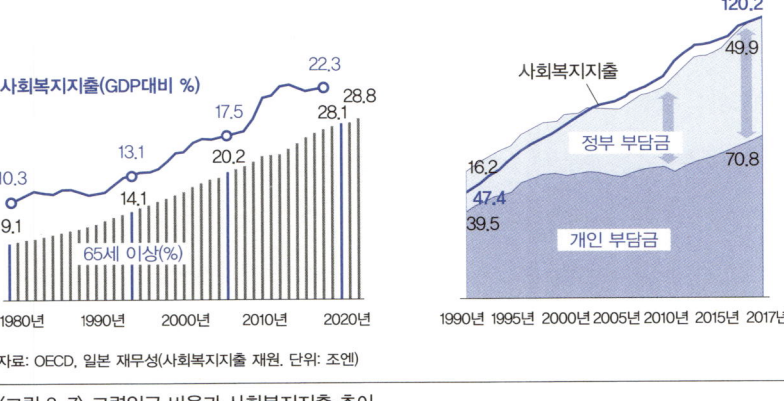

자료: OECD, 일본 재무성(사회복지지출 재원. 단위: 조엔)

〈그림 3-7〉 고령인구 비율과 사회복지지출 추이

일본 재정의 구조적 문제는 고령인구 증가로 인한 복지지출 확대에 있다. 〈그림 3-8〉에서 보는 바와 같이 2005년 초고령사회에 진입한 이후, 65세 이상 인구 비중은 2020년 28.8%, 2023년 29.2%로 꾸준히 상승해왔다. 이 비중은 앞으로도 계속 증가할 것으로 보여 2050년에는 약 38%에 이를 것으로 예상된다.

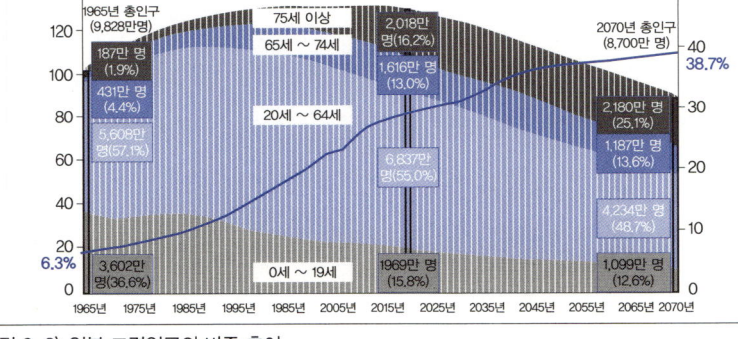

〈그림 3-8〉 일본 고령인구의 비중 추이

자료: OECD(2023), "Japan's Case study on Fiscal situation and Budget discipline"

둘째, 공공사업 지출이 비효율적으로 늘어난 데도 원인이 있다. 일본의 사회간접자본(SOC) 증가율은 국민경제가 성숙하면서 점차 하락하는 추세에 있었다. 그러나 1990년대 초반 경제가 침체에 빠지면서 정부는 경기부양 차원에서 공공사업을 크게 늘렸는데, 이로 인해 사회간접자본(SOC) 관련 자본스톡이 높은 증가율을 기록했다. 1990년 이후 2013년까지 일본의 건설국채 누적 발행액이 238조엔을 상회하는 등 공공사업의 확대가 채무증가로 연결되었다. 사회간접자본(SOC) 등 공공사업이 효과적으로 투자되어 성장에 기여한다면 채무증가 문제가 심각하지 않을 수 있다. 하지만 1990년 이후 일본정부의 경제회복을 위한 공공투자는 정치적인 영향으로 지방과 농업 분야 등에 많이 투자되었는데, 이는 산업이나 서비스업에 투자하는 것에 비해 성장률 향상에 크게 기여하지 못했다. 정치적 영향을 받은 농어촌 지역의 인프라 건설사업들은 수요가 제대로 반영되지 않아 비효율적인 투자가 많았다. 예를 들면, 서로 인접한 지역에 중복되는 공항을 건설한다든지, 인구도 없는 마을에 시설을 설치하는 것 등이다. 일본의 이러한 공공투자를 돈만 많이 들고 실효성은 없는 투자였다는 측면에서 '하얀 코끼리'에 비유하는 사람들도 있다.

중앙정부 지출이 증가한 원인 중 세 번째는 지방이전 재원의 확대를 들 수 있다. 일본의 지방교부세율은 1954년에 소득세 · 주세의 19.9%, 법인세의 20%를 기점으로 지속적으로 상승하여 소득세 · 법인세 · 주세의 32%, 소비세의 29.5%, 담배소비세 수입액의 25%로 확대되었다. 지방이전 재원이 확대된 결과 지방정부는 대체로 건전재정을 유지할 수 있었으나 중앙정부의 지출부담은 크게 증가하였다.

〈그림 3-9〉는 2023년의 일본 정부 재정수입과 재정지출의 구조를 1990년과 비교하여 재정적자의 원인을 보여준다. 1990년에는 사회복지지출이 11.6조엔으로 총재정지출 66.2조엔의 17.5%를 차지했는데 2023년에는 36.9조엔으로 3배 이상 늘었고, 총재정지출 114.4조엔의 32.3%를 차지하게 되었다. 국채원리금 상환비용(national debt service)도 1990년 14.3조엔에서 2023년 25.3조엔으로 크게 증가하였다.

수입 측면에서 보면 1990년도에는 총 66.2조엔 중 대부분이 세금이다. 건설국채에 의한 수입은 5.6조엔으로 전체의 8% 수준에 불과했고 당시 적자보전용 국채는 발행되지 않았다. 이러한 재정수입 구조가 2023년도에 크게 변화하였다. 전체 수입 114.4조엔 중 조세는 69.4조엔으로 60% 수준에 불과하고 적자보전용 국채가 29.1조엔으로 전체의 25%나 차지한다. 늘어나는 재정수요를 국채발행으로 조달하면서 공채금이 세입에서 차지하는 비중이 2023년까지 크게 확대(공채금 비중: 1990년 8.8% → 2023년 32.3%)된 것이다.

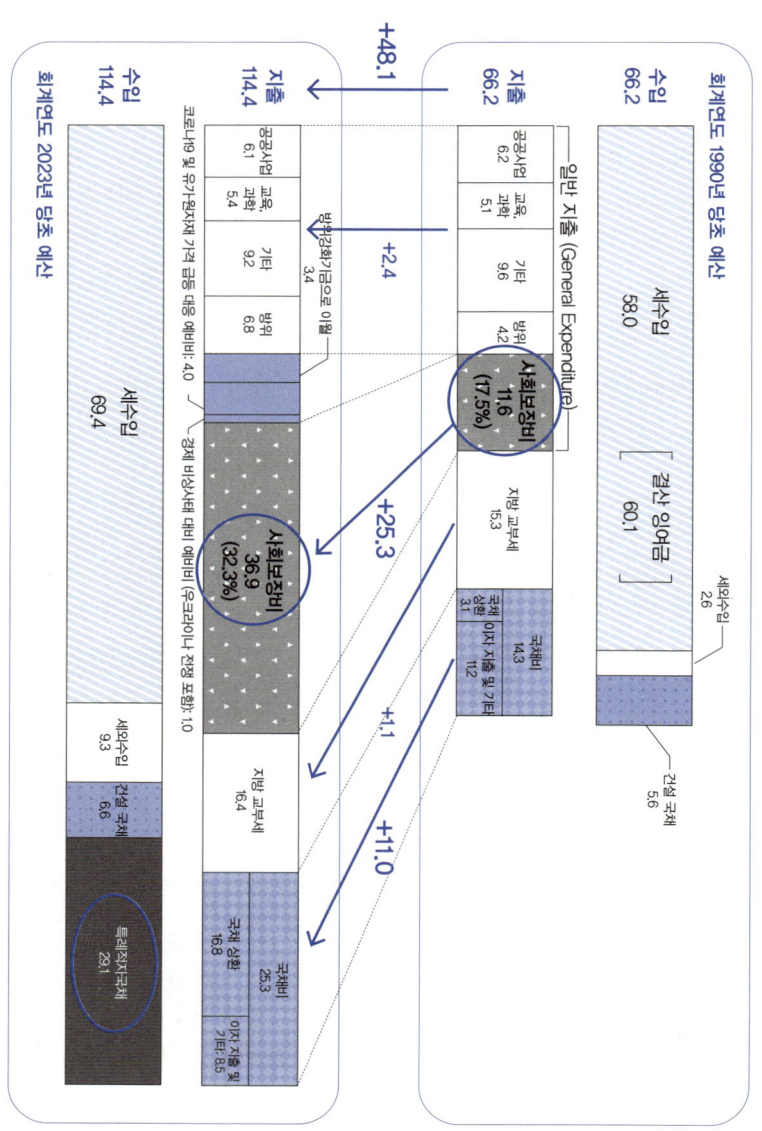

〈그림 3-9〉 1990년과 2023년의 재정수입, 지출 구조 비교

자료: 일본재무성

〈그림 3-10〉에서 나타나는 바와 같이 1990년대 이후 일본의 재정수지는 지속적으로 적자를 나타내고 있다. 특히 1998년 외환위기, 2008년 글로벌 금융위기, 2020년 팬데믹과 같은 고비에 적자 폭이 크게 늘었음을 알 수 있다.

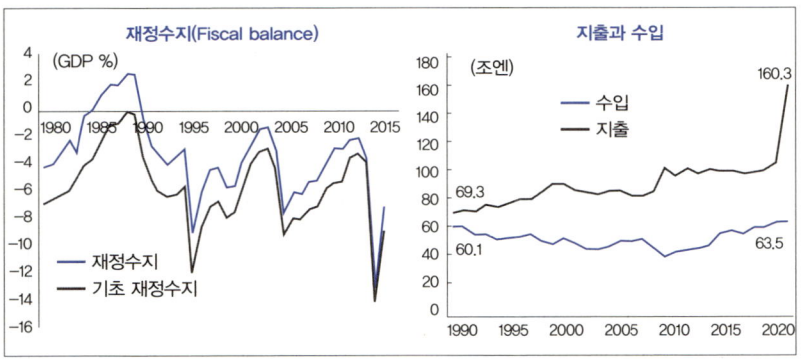

〈그림 3-10〉 1990년대 이후 일본의 재정수지 추이

자료: OECD, "Japan's Case study on Fiscal situation and Budget discipline", p.2.

### 그럼에도 격한 위기를 겪지 않은 이유

이와 같은 엄청난 규모의 국가채무 비율에도 불구하고 왜 일본에 재정위기가 오지 않은 것일까?

우선, 일본의 디플레이션 상황이 일본 정부가 채권시장을 붕괴시키지 않으면서도 대규모 적자재정을 운영할 수 있는 요인이 되었다는 주장이 있다. 디플레이션 기간에 기업들이 국내에서 사업 확장을 위한 투자를 하지 않았기 때문에 기업과 가계저축의 대부분이 국채 및 정부에서 발행한 기타 금융상품을 사는 데 쓰일 수 있었다는 것이다. 즉, 일본 국내의 국채수요가 뒷받침이 되었고 이에 따라 일본은 재정수입의 30% 이상을 국채에 의존하고 있으며, 특히 적자보전 국채 (〈그림 3-11〉 막대그래프의 점선 부분)의 비중이 매우 높다.

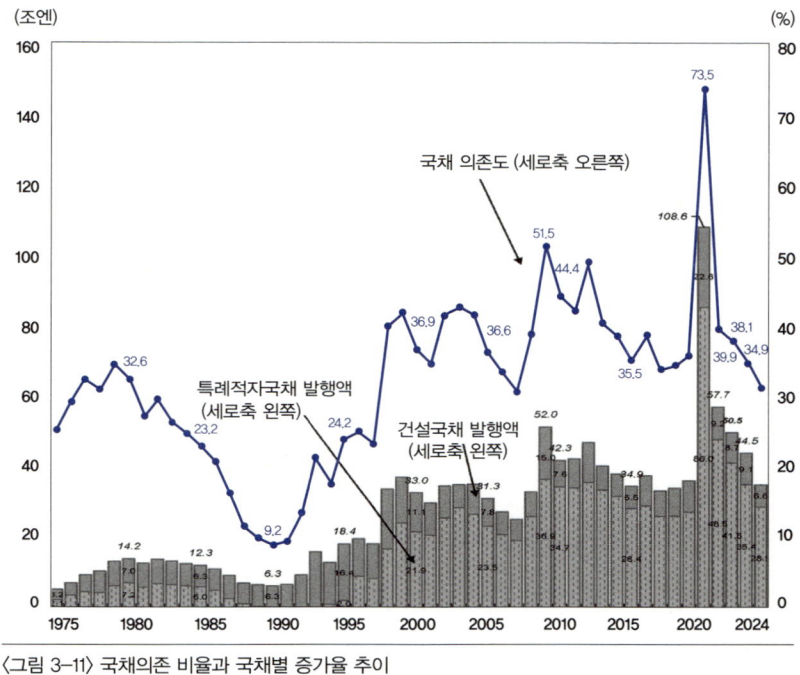

〈그림 3-11〉 국채의존 비율과 국채별 증가율 추이

자료: 일본 재무성(2024년 4월), "Japanese Public Finance Fact Sheet"

다음으로 1980년대 이후 지속적으로 이자율이 낮아진 것도 채무증가의 부담을 줄인 중요한 원인으로 손꼽힌다. 즉, 1980년대 중반 7% 수준이던 이자율이 2020년에는 1% 이내까지 낮아지게 되었다.

국채발행이 꾸준히 늘면서 국가채무 원금은 빠르게 증가했다. 그러나 오랜 기간 이자율은 계속 낮아졌기에 이자지급 비용이 크게 증가하지 않아 부채의 위험이 크지 않았다.

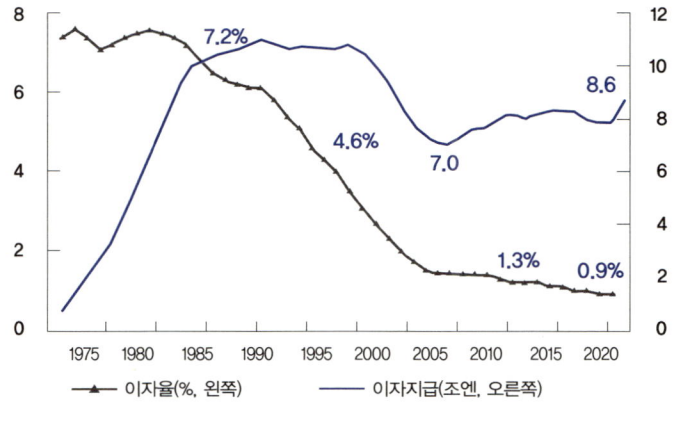

〈그림 3-12〉 이자율 추이와 이자지급 비용

자료: 일본 재무성

국가채무 비율이 매우 높음에도 불구하고 일본이 재정위기를 겪지 않은 또 하나의 이유는 발행된 국채의 90%를 국내에서 갖고 있기 때문이다. 특히, 일본 중앙은행의 국채보유 비율이 매우 높다. 그리고 지난 30년 넘게 대외순자산 보유국순위 1위를 기록했을 만큼 풍부한 대외자산을 보유하고 있다. 이러한 사실로 인해 엄청난 규모의 국가채무에도 불구하고 정부의 신뢰를 유지하고 있는 것이다.

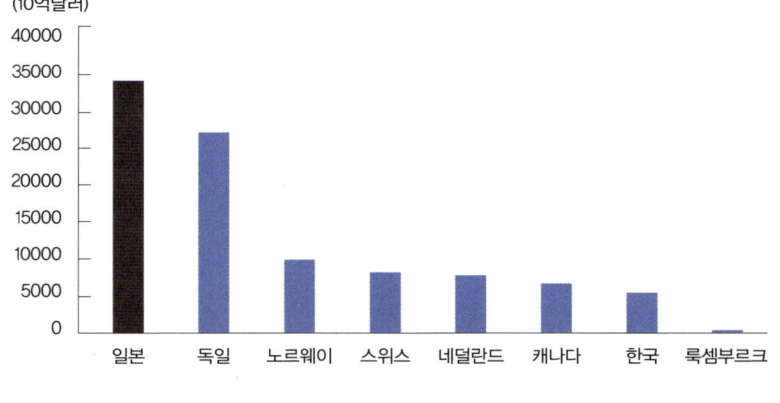

〈그림 3-13〉 2019년 대외순자산

출처: IMF

　　또한 세계 무역 거래에서 15%를 차지하는 엔화는 미국 달러와 유로에 이어 상위 세 번째 수준의 믿을 만한 통화로 인정받고 있다. 국가채무가 매우 높은 수준임에도 불구하고 일본 화폐는 결제 수단으로서 신뢰를 유지하고 있는 것이다. 국가의 신용등급을 매기는 데는 국가채무뿐 아니라 정치, 경제적 안정성과 산업의 경쟁력 등도 고려된다. 한편 국가채무로 심각한 위험을 겪고 있는 것은 아니나 늘어나는 국가채무는 일본의 신용등급에 좋지 않은 영향을 주고 있다. 1990년대 이전 일본의 국가 신용등급은 최상급(AAA)이었다. 그러나 1990년대 이후 국가채무가 빠른 속도로 증가함에 따라 일본의 신용등급은 점차 하락 추세를 보이고 있다.

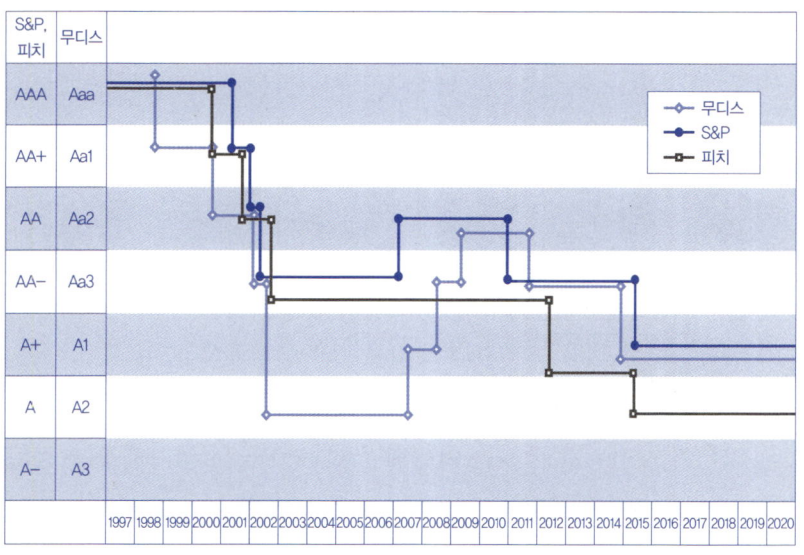

〈그림 3-14〉 일본의 신용국가등급 변화 추이

자료: 일본 재무성

일본의 신용등급이 하락하다 보니 최근에는 한국의 신용등급이 일본보다 높아지기도 했다. 2021년 기준 3대 국제신용평가사인 무디스, S&P, 피치의 국가신용등급에서 한국은 일본보다 2단계 높게 평가받았다. S&P에 따르면 1990년 최상급인 'AAA'를 받은 일본보다 한국은 4단계나 낮은 등급이었다. 그런데 2021년에는 한국이 'AA'를 기록하며 일본(A+)보다 2단계가 높아졌다. 이와 같은 신용등급 변화에는 일본의 국가채무가 급증이 가져온 영향도 매우 크다고 봐야 한다.

국가채무와 경제위기　　　　　　　　　　　　　　　　**089**

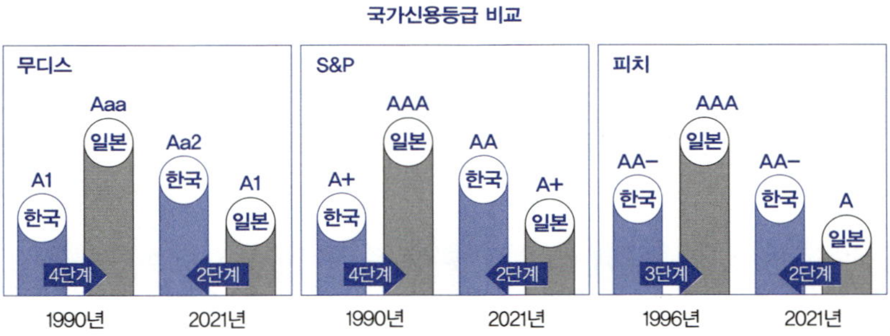

국가신용등급 비교

| 무디스 | | S&P | | 피치 | |
|---|---|---|---|---|---|
| **A1** 한국 | **Aaa** 일본 / **Aa2** 한국 / **A1** 일본 | **A+** 한국 | **AAA** 일본 / **AA** 한국 / **A+** 일본 | **AA−** 한국 | **AAA** 일본 / **AA−** 한국 / **A** 일본 |
| 4단계 | 2단계 | 4단계 | 2단계 | 3단계 | 2단계 |
| 1990년 | 2021년 | 1990년 | 2021년 | 1996년 | 2021년 |

〈그림 3-15〉 한국과 일본의 국가신용등급 비교

자료: e-나라지표, Trading Economics-Credit Rating

일본이 재정위기 국가는 아니지만 높은 수준의 국가채무는 일본 경제에 큰 부담으로 작용하고 있다. 더구나 향후 금리의 변동 가능성에 따라 국가채무 규모가 급격히 커질 가능성도 있다. 2022년 이전까지는 국가채무가 늘었음에도 이자율이 지속적으로 하락해 왔기 때문에 이자지출이 현저히 불어나지 않았다. 그러나 2022년 이후 전 세계적인 인플레이션의 발생에 따라 미국과 유럽 등 각국에서 대응조치로서 기준금리를 인상하였다. 특히 미국은 이자율을 급격히 올린 바 있고, 이에 따라 유럽연합 등도 이자율을 올렸다. 인플레이션이 목표치 안으로 안정화될 때까지 이들 국가가 높은 금리 수준을 유지하는 정책을 펴리란 전망도 있다.

미국과 일본의 금리 차이가 커지면 엔화는 약세가 된다. 일본은 엔화 약세를 방어하기 위해 17년 만에 처음으로 기준금리를 인상한 바 있다. 만약 일본이 엔화 가치 하락을 막고자 금리를 추가로 올린다면 정부의 이자지출 부담이 크게 증가할 것이다. 실제로 2021

년 8.5조엔 수준이던 이자지출 예산이 크게 늘었다. 2024년에 9.7조엔으로 전체 예산의 8.6%, 2025년도 예산에서 10.5조엔으로 9.1%를 차지한다.[18] 이미 일본의 재정리스크와 국채 공급부담이 국채 금리의 인상 압박으로 작용하고 있다. 실제로 지난 5월 일본의 20년 만기 국채 입찰이 저조한 모습을 보이면서 초장기 국채금리가 급등한 바 있다. [일본의 20년 만기 국채금리: 1.875%(2024년 12월 30일) → 2.529%(2025년 6월 4일)]

당시 일본의 이시바 시게루 총리는 "일본의 재정상태가 그리스보다 나쁠 수도 있다"고 언급한 바 있는데 이는 엄청난 국가채무 부담을 안고 있으며 이자지출의 확대로 그 상황이 악화되고 있는 일본의 어려운 재정 현실을 표현하고 있는 것으로 이해된다.

**일본 10년물 국채 수익율 1.362 　0.100 (+0.0998%)**

〈그림 3-16〉 일본의 10년 만기 국채 이자율 추이

자료: Trading Economics

미국 연방준비은행을 비롯한 대부분의 중앙은행은 통화정책을 양적완화에서 긴축으로 변경할 때는 예외 없이 정책금리 인상과 함

께 국채매입을 중단한다. 또한 보유국채의 만기가 도래할 때 재투자를 하지 않는 방식으로 중앙은행의 대차대조표를 줄이는 양적긴축정책을 병행한다. 일본도 통화정책의 정상화를 추진 중이나 일본은행의 통화정책 변경에는 유동성을 공급하는 국채매입 정책의 중단이 포함되지 않았다. 이는 일본은행의 통화정책이 재정과 너무 밀접히 연결되어 있기 때문일 것이다.

일본 재무성에 따르면 2024년 지출예산(112조 6,000억엔) 가운데 국채원리금 상환용 예산은 27조엔(국채이자 상환용 예산은 9조 7,000억엔으로 전체 예산의 8.6%)으로 전체 예산의 24%를 차지한다. 사회보장 예산(37조 7,000억엔) 다음으로 많다. 수입예산에서는 국채발행을 통한 자금조달이 35.4조엔으로 전체의 31.5%를 차지하는 중요한 재원이다. 국채발행과 상환이 중요한 예산구조에서는 국채발행 비용을 최소화하는 것이 무엇보다 중요하다.

일본은 초고령사회에 접어들면서 사회보장 예산의 확대가 불가피하다. 이를 위해서는 국채발행에 따른 이자와 원금 상환 부담을 줄여야 한다. 그러나 금리가 오르면 국채이자 비용이 크게 늘어나 재정 운영에 부담이 된다.

이러한 상황에서 시장 금리를 낮게 유지하고 필요한 재정을 조달하려면, 일본은행이 국채를 매입하는 방법 외에는 마땅한 수단이 없다. 이로 인해 일본은행은 2023년 기준 전체 국채 잔액 약 1,080조엔 중 절반이 넘는 576조엔을 보유하고 있다.

사실상 일본은행이 정부의 재정조달을 뒷받침하는 역할을 하고 있는 셈이며, 이는 재정규율을 약화시킬 수 있다는 우려를 낳는다. 중앙은행이 국채를 직접 매입하는 방식은 '정부 부채의 화폐화'로 간주되어 많은 국가에서 부정적으로 평가된다. 이는 일본 재정이 안고 있는 구조적 위험 중 하나다.

## 미국: 기축통화국도 위협하는 국가채무

미국의 국가채무는 2025년 6월 37조달러를 넘어섰다. 이는 중국(18.7조달러), 독일(4.9조달러), 일본(4.4조달러), 영국(3.7조달러), 인도(4.3조달러) 등 경제규모가 큰 5개 나라의 GDP 합산을 초과하는 엄청난 규모이다. 최근에는 평균 4~5개월마다 1조달러(약 1,400조원)씩 늘어나고 있다. 2023년 9월의 국가채무가 33조달러였으니 1년 8개월만에 4조달러가 증가한 것이다.

〈그림 3-17〉 미국의 국가채무 현황(2025년 6월 22일 기준. https://www.usdebtclock.org)

　　제2차 세계대전 이후 줄어들던 미국의 국가채무가 본격적으로 늘어난 것은 1980년대에 들어서부터다. 1980년대에 연방 국가채무는 다시 증가하기 시작하여 1993년 공공보유 국가채무는 GDP의 48%에 가까운 수준이 되었다. 1990년대 중반에는 채무증가가 완화되었는데 이는 경제의 성장과 함께 지출의 삭감과 세입의 증대라는 큰 합의가 이루어짐으로써 적자를 줄일 수 있었기 때문이었다. 클린턴 대통령은 재임 중 재정적자를 줄이기 위해 재정개혁을 추진하였다. 이에 따라 1998년에서 2001년 사이에는 재정수지 흑자까지 기록하며 일시적으로 국가채무가 줄었다. 그 결과, 총지출에서 차지하는 이자지출의 비중이 1989년에는 16.5%까지 증가했다가 2002년에는 8.9%로 줄었다. 그러나 이후 부시 대통령 임기에 국가채무의 축소 경향은 중단됐고 2002년부터 국가채무가 다시 늘기 시작했다. 2008년 글로벌 금융위기와 2020년 팬데믹을 거치면서 국가채무의 규모는 또다시 크게 증가하게 되었다. GDP대비 국가채무 비율로 보면 2001년에 53.1%에서 2023년 122.3%로 20년간 약 2.3배 정도 증가하였다.

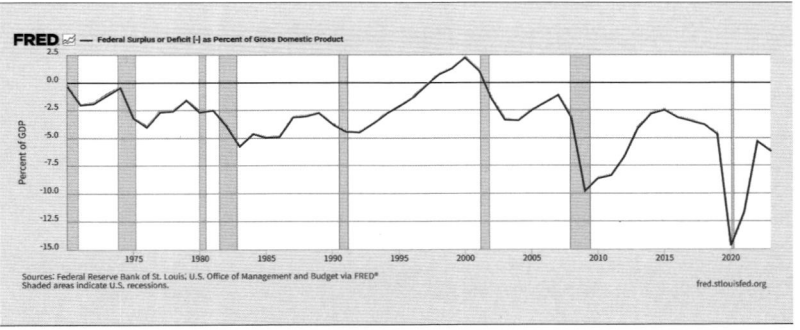

〈그림 3-18〉 미국의 연방정부 재정수지(GDP대비 비율)

자료: Federal Reserve Economic Data, https://fred.stlouisfed.org/series/FYFSGDA188S#

2001년 9.11테러 사건과 그 후로 이어진 경기침체, 아프가니스탄과 이라크전쟁, 감세정책 등은 미국 재정적자의 확대를 가져왔다. 특히, 2007년 시작된 침체 이후 2008, 2009년에 재정적자는 빠른 속도로 증가하였다. 금융위기에 정부가 중요한 기업과 금융기관들의 파산을 막는 데 개입하고, 경기부양을 위한 정책을 추진한 영향이었다.

이에 더하여 2020년에는 코로나19가 초래한 경제위기에 대응한 결과로 국가의 부채는 또다시 급격히 증가했고, 2020년 말에는 GDP의 126.3%로 역대 최대 규모가 되었다. 2021년에도 경제충격지원금을 지급하는 미국인 구제 계획(American Rescue Plan)과 같은 정부의 적극적인 재정정책에 따라 2021년 국가채무 비율은 123.8%가 되었으며, 2023년에는 122.3%로 여전히 120%를 상회하는 수준이다.

2008년까지 누적된 미국 국가채무가 10조달러 수준이었는데, 10년 뒤인 2017년에는 20조달러, 그로부터 5년 뒤인 2022년에 30조달러, 다시 3년 후인 2025년에 37조달러 수준으로 급격히 늘었다. 최근의 증가속도가 매우 빨라진 것이다.

전문가들은 GDP대비 120%가 넘는 국가채무는 미국이 생산성에 의지하는 것만으로는 감당하기 어려운 수준이라고 본다. 예를 들어, 최근 미국의 비농업부문 생산성 향상 비율이 1.9%인데[19] 국가채무 비율은 120% 이상이고, 국채이자율은 대체로 4%를 상회한다. 생산성 향상으로 인한 GDP 증가분 이상을 국채이자로 지불해야 하는 상황[20] 으로 국가채무의 증가가 지속될 우려가 있다.

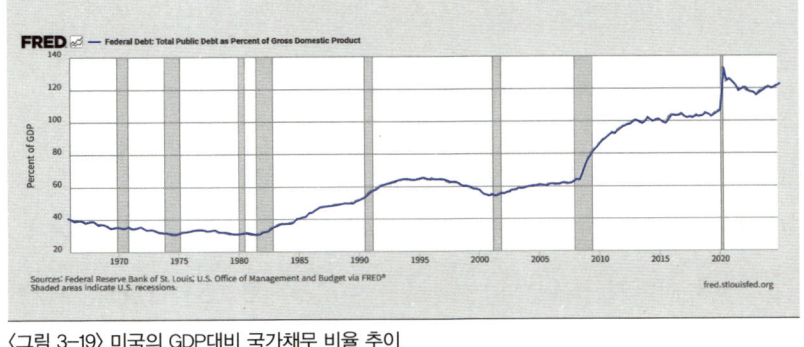

〈그림 3-19〉 미국의 GDP대비 국가채무 비율 추이

자료: Federal Reserve Economic Data, https://fred.stlouisfed.org/series/GFDEGDQ188S#

## 국가채무 왜 급증했을까?

미국의 재정적자가 늘어난 데는 레이건 대통령과 부시 대통령 시절의 대대적인 감세정책이 가져온 영향이 크다. 레이건 행정부의 감세정책은 공급중시 경제이론에 그 철학적 기반을 두고 있었다. 즉, 감세를 통해 사람들로 하여금 더 열심히 일하고, 저축하고, 투자하게끔 만듦으로써 경제에 활력을 불어넣을 수 있다는 생각이 기저에 깔려 있던 것이다. 감세론의 주장은 '감세정책은 경제의 체질 자체를 바꾸어 경제의 잠재성장률을 높이는 결과를 가져오게 된다'는 것이다. 그러나 감세정책이 경제활성화보다는 재정적자를 심화하는 결과만 가져왔다는 비판이 더 크다. 일부 이견이 있으나 압도적 다수의 실증연구 결과는 감세정책이 노동공급, 저축, 투자에 별 영향을 미치지 못한 반면 재정적자는 크게 늘렸다는 것이다.[21]

실제로 미국은 1980년대 공급중시 경제이론에 영향을 받은 레이

건 대통령이 집권하면서 대대적인 감세를 추진하였다. 그는 8년의 임기 동안 70%였던 최고 소득세율을 28% 수준으로 대폭 낮추는 등 사상 최대의 감세를 추진하였다. 1981년 제정된 경제부흥조세법(Economic Recovery Tax Act)에 따른 조세수입의 감소폭은 실시 후 4년 동안 연평균 1,114억 달러에 이를 정도로 대대적인 것이었다. 공급중시 경제이론에 의한 래퍼곡선(Laffer curve)의 논리에 따르면, 세율을 낮춰 주면 경제활동이 활발해지기 때문에 조세수입은 오히려 늘어나게 된다. 그러나 실제로 그와 같은 일은 일어나지 않았고, 그 이후 미국 정부는 고질적인 재정적자에 시달리기 시작했다.

2001년 조지 부시(G. W. Bush) 행정부의 등장과 함께 감세정책은 1980년대보다 한층 더 강하게 추진되었다. 부시 행정부는 2001년과 2003년 두 차례에 걸친 감세정책을 통해 미국 조세제도의 기본 구도를 완전히 바꿔 놓았다. 부시 대통령이 강력한 감세정책을 추진한 데는 신자유주의적 신념도 작용했지만, 클린턴 행정부 시절 장기적인 경제호황에 힘입어 재정적자가 흑자로 반전된 사실도 중요한 동기 중 하나였다. 보수적인 인사들은 정부의 비대화를 막기 위해 대대적인 감세가 필요하다고 주장했다. 그들은 일시적인 재정흑자 기조를 영속적인 성격을 갖는 것으로 인식했고, 이에 따라 가까운 장래에 재정적자의 문제가 다시 대두될 것이라는 점을 예견하지 못했다.

1990년대에 들어서며 미국 경제가 경험한 호황은 일시적인 성격을 갖고 있었고, 그 때문에 이에 따른 조세수입의 증가도 일시적인 것일 수밖에 없었다. 그런데도 그들은 흑자 기조가 확고하게 자리를 잡은 것으로 인식하고, 세금을 깎아주는 선심정책을 추진한 것이었다. 2001년에는 최고 소득세율을 39.6%에서 35%로 낮추는 한편, 개인연금저축에 대한 세금우대를 확대했다. 또한 상속세를 점진적으로 줄여나가 2010년에는 한시적으로 완전 폐지되도록 만들었다. 제1기 트럼프 대통령 시절에도 감세정책이 추진되었다. 개인소득세 최고세율을 39.6%에서 37.0%로 인하하고, 법인세 최고세율도 35.0%에서 21.0%로 낮췄다. 기업이 각종 세금 감면에도 반드시 내야 하는 최저한세율(20%)도 폐지했다. 기업이 해외에 예치한 현금을 미국 내로 들여올 때 내야 했던 송금세 역시 35%에서 12-14.5% 정도로 대폭 인하했다. 이와 같은 감세안은 2018년부터 발효되었고, 미 정부는 이 세제 개편에 따른 법인세 감면 효과만 10년 동안 1조달러에 이를 것으로 추정했다.

재정지출 측면의 증가추이도 재정적자의 중요한 요인이다. 〈그림 3-20〉에서 보듯이 사회보장(Social Security)지출과 메디케어(Medicare, 노인의료보험제도)지출이 꾸준히 증가하여 미국 재정지출이 늘어나는 주요 요인이 되고 있다.

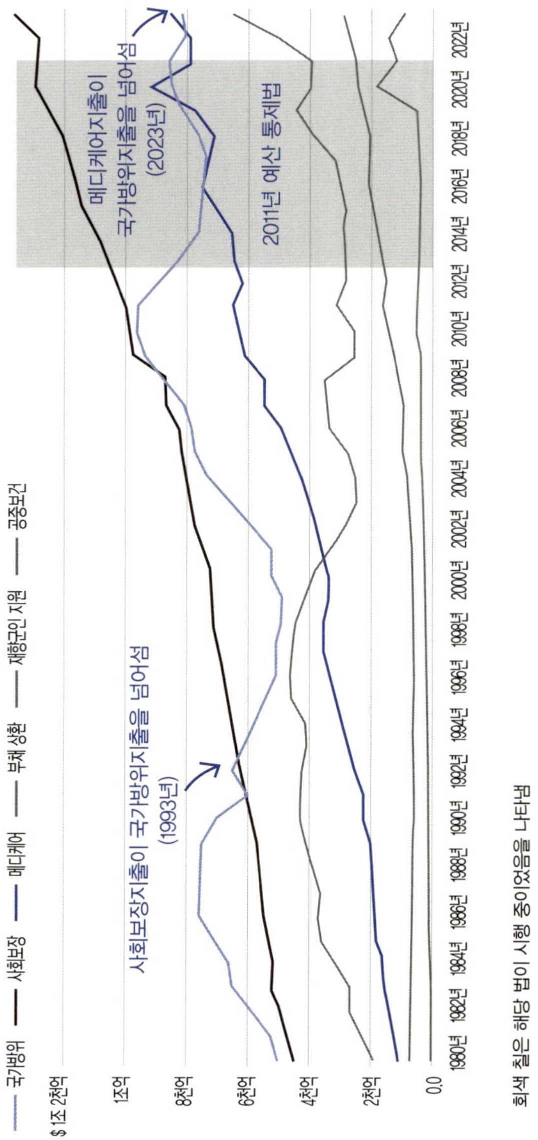
국가방위
사회보장
메디케어
부채 상환
재향군인 지원
공중보건
$ 1조 2천억
1조억
8천억
6천억
4천억
2천억
0.0
메디케어지출이
국가방위지출을 넘어섬
(2023년)
2011년 예산 통제법
사회보장지출이 국가방위지출을 넘어섬
(1993년)
1980년
1982년
1984년
1986년
1988년
1990년
1992년
1994년
1996년
1998년
2000년
2002년
2004년
2006년
2008년
2010년
2012년
2014년
2016년
2018년
2020년
2022년
회색 칠은 해당 법이 시행 중이었음을 나타냄

〈그림3-20〉 미국의 분야별 재정지출 추이

자료: USAFacts에서 OMB, Census, BEA 데이터를 종합

지난 25년 동안 미국 연방지출 증가의 주요 요인 중 하나는 고령화에 따른 지출 확대이다. 미국에서는 65세 이상 인구가 생산가능인구보다 빠르게 늘고 있으며, 이는 베이비붐 세대(1946~1964년 출생)의 고령화와 기대수명 증가에 따른 자연스러운 결과다. 특히 65세 이상 노인을 대상으로 하는 공공 건강보험인 메디케어(Medicare)는 고령화의 진전과 민간 의료보험의 불안정성 확대 등의 영향으로 연방지출 항목 중 가장 빠르게 증가하고 있다.

2022년 미국은 전체 GDP의 17%에 해당하는 4조 5,000달러를 헬스케어에 지출했다. 이는 고령인구의 증가와 함께, 미국 의료서비스의 높은 단가가 주요 원인이다. 미국의 의료비는 다른 선진국과 비교할 때 가장 높은 수준으로 평가된다. 결과적으로, 헬스케어 비용은 65세 이상 인구 비중의 지속적인 증가와 의료비 상승으로 인해 다른 재정 항목에 비해 훨씬 더 빠르게 확대되고 있다.

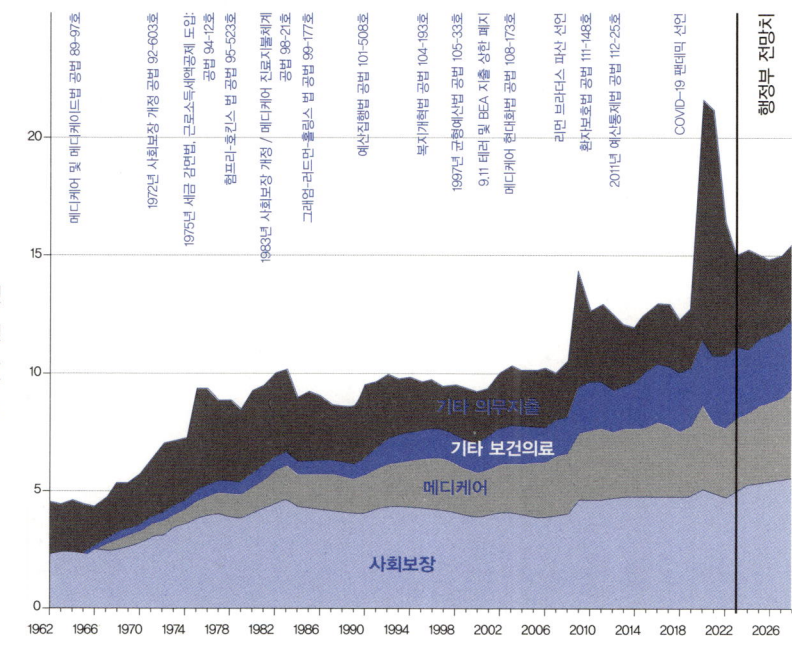

〈그림 3-21〉 미국의 의무지출 항목 구성

자료: Austin, D. Andrew, 〈Trends in Mandatory Spending〉, Figure 5

또한 국방비 비중이 높은 것도 미국 재정의 특징 중 하나이다. 미국은 전 세계에서 가장 많은 국방비를 지출한다. 2022년 미국의 국방비는 8,770억달러(약 1,150조원)에 달했다. 이 사실을 가리켜 미국을 천조국이라 표현하기도 한다. 미국 국방비 규모는 전 세계 국방비의 39%에 달하며, 국방비 지출 2위에서 11위까지 10개 나라의 국방비를 합친 것보다 많다. 2위인 중국의 국방비(2,920억달러)도 미국의 3분의 1 수준에 불과하다.

국가채무와 경제위기　　101

〈그림 3-22〉에서 보듯이 일정 수준을 유지하던 미국의 국방분야 지출은 9.11테러(2001), 아프가니스탄 전쟁(2001~2021) 및 이라크 전쟁(2003) 등을 통해 규모와 증가율이 지속적으로 상승하고 있다. 왓슨연구소의 추산에 의하면 9.11 테러 이후 미국이 16년간 전쟁에 쓴 비용은 총 4조 3천억달러에 이른다고 한다.[22] 이러한 전쟁비용으로 미국 재정의 총지출에서 큰 비중을 차지하는 국방비가 급증했는데 이것도 미국 재정에서 적자가 커진 이유 가운데 하나이다.

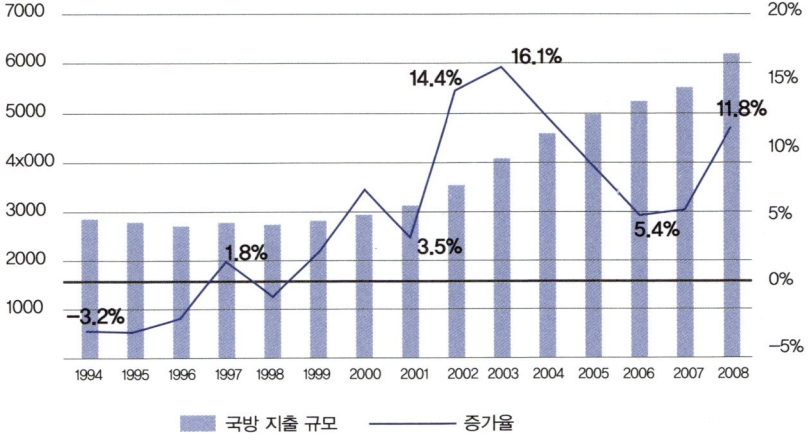

〈그림 3-22〉 미국 국방 분야 지출 규모 및 증가율 추이

자료: OMB, "Fiscal Year 2025 Budget of the U.S. Government Historical Tables", 2024. 03.

2000년도 이후에는 글로벌 금융위기와 코로나 팬데믹이라는 두 차례의 경제위기를 극복하기 위한 대규모 지출이 있었다. 따라서 이 기간 중 재정수지 적자가 특별히 크게 나타났다.

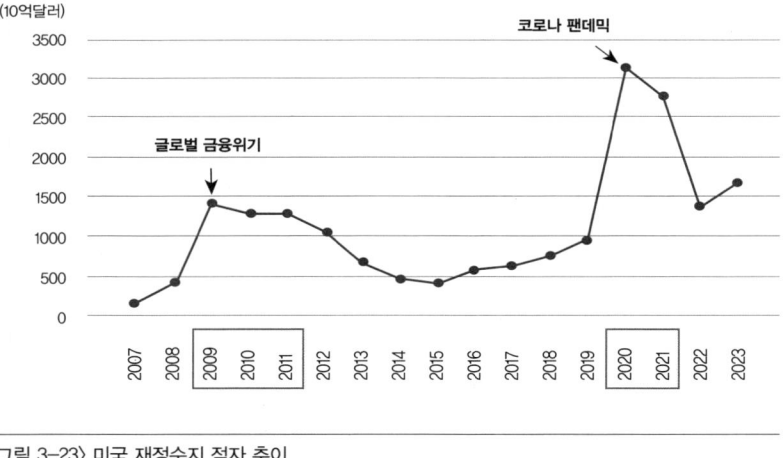

〈그림 3-23〉 미국 재정수지 적자 추이

자료: OMB, "Fiscal Year 2025 Budget of the U.S. Government - Historical Tables,", 2024. 03. Table 1.2.

2008년 금융위기 당시에는 경기침체와 조세감면 등 경기 부양책 시행으로 조세수입이 줄어든 반면, 위기 대응을 위한 재정지출은 급증하였다. 이로 인해 2009년부터 2012년까지 매년 재정적자가 1조 달러를 넘었다. 특히 위기 직후 2009년에는 재정지출이 전년 대비 약 17.9% 증가하여 3조 달러 규모에 이른 반면, 재정수입은 약 16.6% 감소하였다. 그 결과 악화된 재정수지가 국가채무로 누적되었다.

2020년부터 2022년까지는 코로나19 팬데믹 대응을 위해 대규모 재정지출이 이루어졌으며, 이로 인해 재정수지가 급격히 악화되었다. 이 시기의 재정적자 규모는 2008년 금융위기 당시를 넘어섰다.

2020년에는 재정수지 적자가 GDP대비 14.7%에 달했으며, 2021년에도 12.1%의 적자를 기록하였다. 이에 따라 미국의 GDP대비 국가채무 비율도 급격히 상승하게 되었다.

| ❶ | 2001년 6월 | 부시 대통령 감세(일반소득 및 자본소득 세율 인하 등): +1.5조달러 (10년간) |
|---|---|---|
| ❷ | 2003년 3월 | 이라크 아프간 전쟁: +4~6조달러(12년간) |
| ❸ | 2006년 1월 | 부시 대통령, 메디케어 확대: +4.7조달러(10년간) |
| ❹ | 2009년 2월 | 오바마 대통령, 2008년 금융위기로 인한 경기침체 대응: +2조달러 |
| ❺ | 2013년 1월 | 오바마 대통령, 감세(부시 감세 영구화, 초부유층 제외 일반국민 세금감면 확대 등): +4조달러(10년간) |
| ❻ | 2017년 12월 | 트럼프 대통령, 감세[법인세율 인하(35→21%), 개인소득세율 인하 등]: +1.5조달러(10년간) |
| ❼ | 2020년 12월 | 바이든 대통령, 코로나 대응: +1.9조달러(10년간) |
| ❽ | 2022년 8월 | 바이든 대통령, 지출 확대(Infrastructure Plan 등): + 2.3조달러(10년간) |

〈표 3-1〉 미국의 국가채무 증가 8대 계기

자료: 주미 한국대사관

## 무엇을 대비해야 하는가?

미국 국채금리의 상승으로 인해 국채이자 지출 부담이 커지고 있으며, 이에 따라 국가채무가 앞으로도 계속 증가할 가능성이 크다. 미국은 국채 구성에서 상환 기간이 2년 이하인 단기물 비중이 크다는 점에서, 영국 · 프랑스 · 독일 등 다른 주요국들과 차이를 보인다. 이는 과거 거의 제로금리 수준에서 발행된 국채들이 단기간 내 대거 만기를 맞이하게 되었고, 이를 더 높은 금리의 국채로 차환해야 함을 의미한다.

미국 연방준비제도(Fed)는 2022년 3월 이후 기준금리를 0.25%에서 5.5%까지 급격히 인상했고, 이에 따라 국채금리도 크게 상승했다. 단기 국채의 만기 도래가 집중되면서, 이들을 고금리 국채로 차환해야 하므로 향후 이자지출은 더욱 가파르게 증가할 전망이다.

실제로 2023년 미국 연방정부의 이자지출은 6,590억 달러였으나, 2024년에는 8,810억 달러로 33.7% 증가하였다. 미국 의회예산처(CBO)에 따르면 이자지출은 앞으로도 계속 증가해 2034년에는 1조 6,000억 달러에 이를 것으로 예상된다.[23]

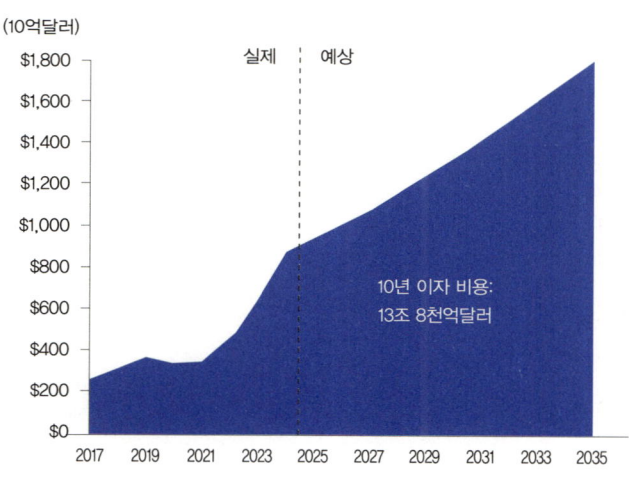

〈그림 3-24〉 미국의 순이자 비용 현황과 전망

자료: Peter & Peterson Foundation

〈그림 3-25〉에서 보듯이 미국의 2024년 국방비가 8,500억달러 수준이고, 이자지출은 8,810억달러로 국방비를 넘어서고 있으며 향후에는 이자로 내는 비용이 메디케어나 사회보장 규모를 초과할 것으로 예상된다. 이자지출이 커지면 다른 의무지출이나 재량지출을 줄여야 하는 압박을 받게 된다.

국가채무와 경제위기                                                     **105**

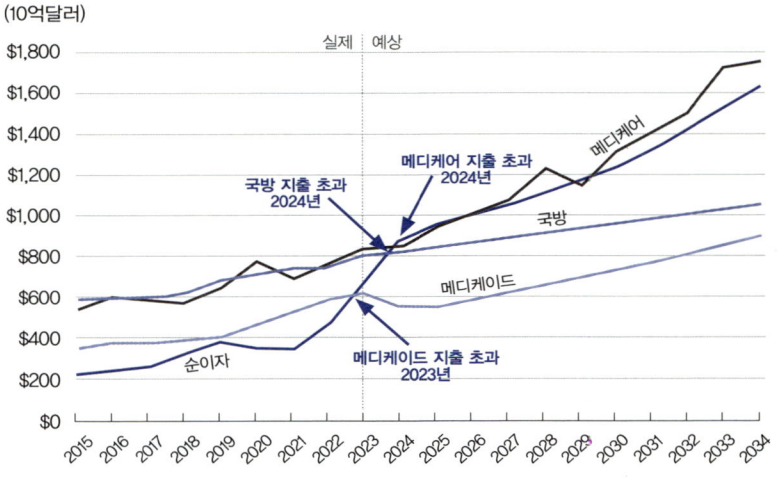

〈그림 3-25〉 미국의 이자지출과 국방비, 메디케어 지출 추이

자료: CBO, 예산관리국

미국 연방 재정 구조에서는 이자지출이 늘어날 것을 대비해 다른 재량지출을 삭감한다 해도 한계가 있어 근본적으로 재정적자 축소가 어렵다. 예를 들어 2024 회계연도 총지출은 6조 8,000억달러이고, 그중 의무지출이 4조 1,000억달러로 61%, 이자지출이 8,810억달러로 13%를 차지한다. 재량지출은 1조 8,000억달러로 26%에 불과하다. 재량지출 중 국방비 지출이 8,500억달러이고, 국방비를 제외한 재량지출은 9,600억달러에 불과하다. 2024년도 기준 미국의 연방 재정적자가 1조 8,000억달러이다.

의무지출은 법적으로 지출이 보장된 것으로 임의로 축소할 수 없는 예산이다. 국방비 역시 안보와 직결되므로 크게 줄이기는 쉽지 않을 것이다. 따라서 국방비를 제외한 재량지출 전액을 삭감한다 해도 9,600억달러 수준에 불과하기 때문에 재량지출의 조정으로 현재의 재정적자 1조 8,000억달러를 대폭 줄이기는 현실적으로 불가능하다. 여기에 금리인상으로 이자지출이 빠른 속도로 증가할 것을 감안하면 미국의 대규모 재정적자는 앞으로도 계속될 가능성이 매우 높다.

미국은 재정적자를 국채발행으로 충당하고 있기 때문에, 앞으로도 적자국채의 발행은 계속 늘어날 수밖에 없는 구조이다. 이미 발행된 국채의 상환 시점이 도래하면, 원칙적으로는 조세수입으로 갚아야 하지만, 재정적자가 지속되는 한 실제로는 신규 국채를 발행해 기존 국채를 상환하는 차환 방식이 반복되고 있다. 이처럼 국채는 누적적으로 증가할 수밖에 없는 구조이며, 이에 따라 레이 달리오(Ray Dalio) 등 일부 전문가들은 미국의 국가채무가 위험 수위에 도달하고 있다고 경고하고 있다.

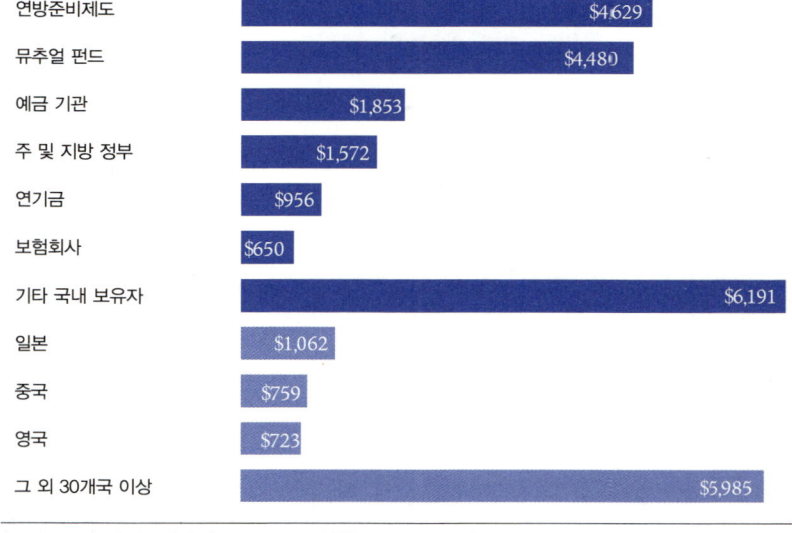

〈그림 3-26〉 경제주체별 미국 국채보유 현황(단위: 10억달러)

자료: Peter G. Peterson(2025. 05.13), The Fereal Government has borrowed Trillions, Who Owns All That Debt?

　　미국의 재정적자 지속으로 국채발행이 늘어나면 이를 소화시키기 위한 국채수요가 문제가 된다. 〈그림 3-26〉은 미국 국채를 갖고 있는 주체별 보유 규모를 나타낸 것이다. 미국 내에서는 연방준비은행이 가장 많이 보유하고 있고, 그다음이 뮤츄얼 펀드이다. 국외에서는 일본의 보유량이 가장 많고, 다음으로 중국과 영국 등이다. 미국의 재정적자 확대로 국채발행이 늘면 미국 국채에 대한 신뢰가 떨어질 가능성이 높다. 이 경우 중국, 일본처럼 미국 국채를 외환보유고로 가진 국가들이 미국의 국채 보유 비율을 줄여 나갈 것이다. 중국은 지난 10년간 지속적으로 미국의 국채 보유를 축소해 가고 있다. 일본도 엔화 약세를 방어할 목적으로 외환시장에 개입하기 위해서 미국 국채를 매도할 필요가 있을 것이다. 미국의 재정적자는 지속되어 국채 공급은 증가하는데 수요는 줄어들면 국채의 발행비용은 더 높아질 것이다. 즉, 미국 국채발행 금리의 상승에 따른 파급효과로 금융시장의 불안이 커질 가능성도 있다.

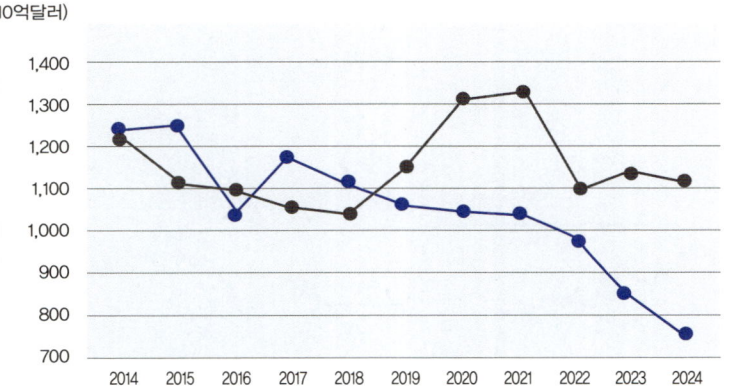

〈그림 3-27〉 중국과 일본의 미국 국채 보유 잔고 추이

〈그림 3-28〉에서는 최근 미국 연방준비제도(Fed)가 기준금리를 인하했음에도 불구하고, 미국 국채금리는 오히려 상승하는 모습을 보여주고 있다. 이는 트럼프 대통령의 관세 정책 등으로 인한 인플레이션 우려가 반영된 결과일 수도 있지만, 더 근본적으로는 재정적자 확대에 따른 국채 공급 증가 가능성이 국채금리에 영향을 미친 것으로 해석된다.

일반적으로 미국의 경제성장률이 높다면 일정 수준의 국채금리 상승은 GDP대비 국가채무 비율에 큰 부담을 주지 않는다. 그러나 2025년 1분기에 미국의 경제성장률이 -0.3%를 기록한 것처럼 성장세가 둔화된 상황에서 국채금리가 높은 수준을 유지할 경우, 이자 부담이 급증하면서 국가채무가 계속 늘어나는 악순환에 빠질 우려가 있다.

〈그림 3-28〉 미국의 연준 기준금리와 10년 만기 국채금리 추이

자료: FRED

미국 의회예산처(CBO)의 분석에 따르면, 2025년도 미국의 연방 지출은 7조달러(GDP의 23.3%)인데 2034년까지 GDP의 24.4%까지 증가할 전망이고, 재정수입은 2025년도에 5.2조달러로 GDP의 17.1%

인데 2035년에는 GDP의 18.3%로 증가할 것으로 전망되어 향후에도 재정적자가 지속되어 국가채무가 늘어날 것으로 보았다. 그 이후에도 재정적자가 계속되어 2050년에는 미국의 국가부채 비율이 GDP 대비 195%까지 상승할 것으로 전망된다. 이는 이자 지출 증가와 함께 인플레이션 및 차입 비용 상승의 악순환을 초래할 수 있으며, 결국 경제성장을 둔화시키고 재정위기를 유발할 위험이 있다는 점을 시사한다.

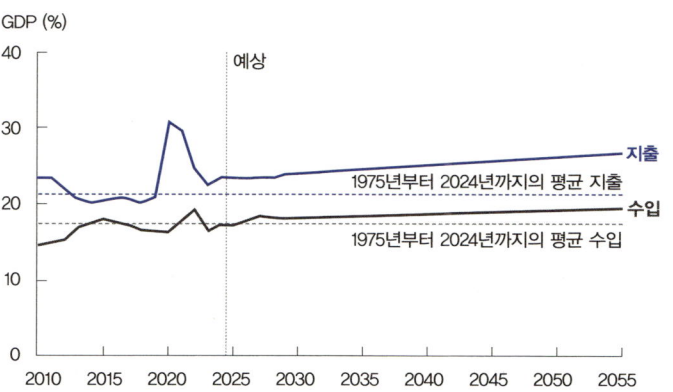

〈그림 3-29〉 미국의 총지출과 총수입 전망(CBO)

자료: 미국 의회예산처(CBO, 장기재정전망)

이제까지 미국 국채는 가장 안전한 자산이었지만, 최근의 급격한 국가채무 증가에 따라 그 안전성에 의문이 생기기 시작했다. 게다가 우크라이나 침공을 계기로 러시아의 해외자산을 정부는 물론 개인의 것조차 동결시킴으로써 미국 국채에 대한 정치적 리스크도 커진 상황이다. 실제로 국제신용평가사 무디스(Moody's)가 2025년 5월 16일 미국의 국가신용등급을 최고 등급인 'Aaa'에서 'Aa1'으로 강등했다. 이에 따라 미국은 2011년 스탠더드앤드푸어스와 2023년 피치에 이어 무디스에서까지 최고 등급인 트리플A를 잃었다. 무디스는 "지난 10년 동안 지속적인 재정적자로 미국 연방정부 부채가 급격히 늘고 연방 재정지출이 증가한 데다 공화당이 추진하는 대규모 감세안으로 더 악화할 가능성이 크다"며 강등 배경을 밝혔다. 늘어난 빚에 국채 금리까지 올라 연방정부의 이자부담이 크게 늘어난 것도 문제로 지적했다. 실제로 트럼프가 추진하는 감세법안인 '크고 아름다운 법안(One Big Beautiful Bill)'의 경우 의회예산처(CBC) 분석에 의하면 향후 10년간 순재정적자 3조 3,000억달러가 추가될 것으로 전망되고 있다.

피터슨연구소는 미국이 장기적인 재정 불균형을 해소하지 못할 경우, 자본 조달이 어려워지고 이자 부담 증가로 인해 주요 투자가 위축되며, 이는 결국 경제성장을 저해해 더 큰 경제위기로 이어질 수 있다고 경고했다.[24] 실제로 미국 정부가 재정지출을 줄이지 못하고 국채발행을 계속 늘리자, 헤지펀드의 대부로 불리는 레이 달리오는 채무증가의 위험에 대해 충격적인 경고를 하고 있다. 채무는 마치 혈관 속에 플라그가 쌓이는 것과 같다고 비유하며 "너무 많은 채무는 결국 금융 시스템 전체의 심장마비(economic heart attack)를 유발할 수 있다"고 강조하고 있다. 국제기구인 IMF는 세계경제 측면의 위험성을 제기하고 있다. 기축통화국인 미국에서 국가채무가 통제되지 않고 계속 증가한다면 달러에 대한 신뢰가 약화될 수 있으며, 세계 금융시장의 불안을 야기하여 이로 인해 전 세계에 경제위기가 확산될 수 있다는 우려를 제기한다.

## 국채금리 급등, 왜 위험한가

국채금리가 중요한 이유는 경제와 금융 전반에 걸쳐 기준이 되는 핵심지표가 되기 때문이다. 국채금리는 경제 전반의 자금조달 비용을 결정짓는 중요한 기준이 된다. 특히, 10년 만기 국채금리는 장기금리의 대표로 주택담보대출, 회사채, 신용대출 등의 금리에 직접 영향을 미친다. 미국의 경우 미국 내 장기주택 담보대출, 학자금 대출금리, 미국 달러로 발행된 중장기 채권금리 등이 10년 만기 국채금리와 연동된다.

국채금리가 급등하면 실물경제 전반에 자금조달 부담을 키워 기업의 설비 투자나 고용확대를 줄이고, 가계 소비의 여력도 줄어들어 민간 경제가 위축되는 어려움에 처하게 된다. 금융시장 측면에서 보면 국채금리의 급등은 기존 국채가격의 하락을 의미하기 때문에 헤지펀드, 뮤츄얼 펀드 등 가격 변동에 민감한 투자자들이 국채를 투매할 가능성이 있어 금융시장의 불안으로 이어질 수도 있다.

국채금리의 급등은 상대적으로 안전자산(국채)의 수익률이 높아지므로 주식 · 부동산 등 위험자산의 수요가 줄고 가격이 하락할 가능성

*국채발행 증가→채권 공급 증가(금융기관 보유 국채 자산가치 하락)→
지급여력 비율 하락→금리 상승 시 자산가치 하락폭 → 아파트
자산트레이드, 지급불능 등 연쇄 반응 일으키기 쉽다

이 있다. 특히 보유한 채권자산의 만기수익률 증가는 아파트 매물 증가나 자산가치 하락으로 금융기관 지급여력비율(SVB)이 하락해서 부실화 가능성을 높일 수 있다. 만약 금리 상승이 가파르다면 자산가치 하락폭이 커지고 미국 SVB 사태처럼 부실화 가능성과 자산트레이드, 지급불능이 일어나 부실화 가능성 등 국민의 부담이 커지게 된다. 결국 외환위기 때처럼 금융불안이 커져 경제 위기까지 조장될 수 있는 것이다.

# 4장 미리보기

- 한국의 국가채무는 1997년 외환위기 이후 경제위기 대응과 복지지출 확대 등으로 빠르게 증가하여 2024년에는 GDP대비 46.1%에 달하고, 총 지출대비 국가채무 증가율 등이 크게 상승했다.

- IMF 기준 일반정부부채(D2) 비율도 선진국 평균보다 높지만 증가세가 가파르며, 재정건전성에 대한 우려가 커지고 있다.

- 각국가가 경제위기 극복을 위하여 예외없이 재정적자 재정증가 수반되었으나, 경제가 안정된 이후에는 반드시 재정건전화 정책을 추진하여 재정을 건실화하고 그 결과 국가채무의 증가용인을 축소했다.

- 코로나 19 팬데믹 이후 이후 경제위기 회복도 뚜렷하고 지출 증가요인도 줄어든 제주 재정수지 악화와 지자체를 기록했다.

해외제일 편의시

# 우리나라는 영어나 인정할까

4장

한국의 국가채무(D1)는 2024년 결산 기준 1,175.2조원으로 GDP대비 비율이 46.1% 수준이다. IMF 경제위기 이전인 1997년에는 60.3조원이던 것이 2011년 420.5조원, 2016년 626.9조원, 2023년 1,126.8조원으로 1997년에 비해 18배 이상 증가하였다. 경제규모에 채무 수준을 견주어 본 GDP대비 국가채무 비율(D1)은 1997년 11.9%에서 2023년 46.9%로 크게 늘어났다. 같은 기간에 GDP는 506.3조원에서 2,401.2조원으로 4.7배 증가했지만, 이를 감안해도 국가채무의 증가 속도가 경제성장보다 훨씬 빠르다는 점을 알 수 있다.

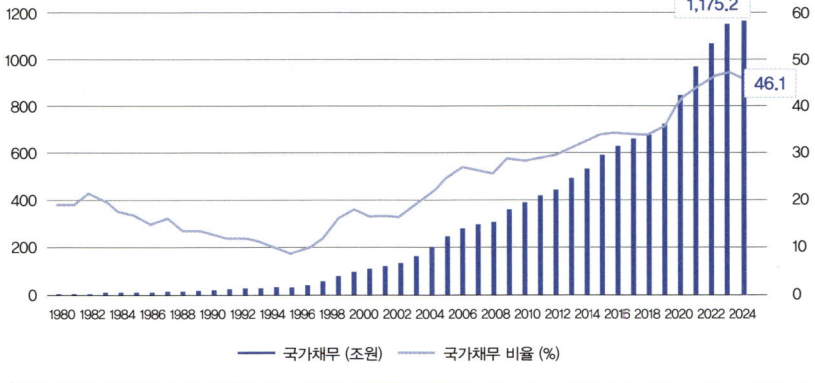

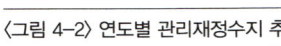

〈그림 4-1〉 연도별 국가채무 추이

자료: 기획재정부

우리나라의 국가채무는 꾸준히 늘어나고 있으며, 특히 1998년 외환위기, 2008년 글로벌 금융위기, 2020년 코로나19 팬데믹 등 주요 경제위기 때 급격히 증가하였다. 〈그림 4-2〉에서도 확인할 수 있듯이, 관리재정수지는 대부분의 기간에 적자를 기록하고, 특히 경제위기 시기에 큰 폭의 적자를 기록하고 있다.

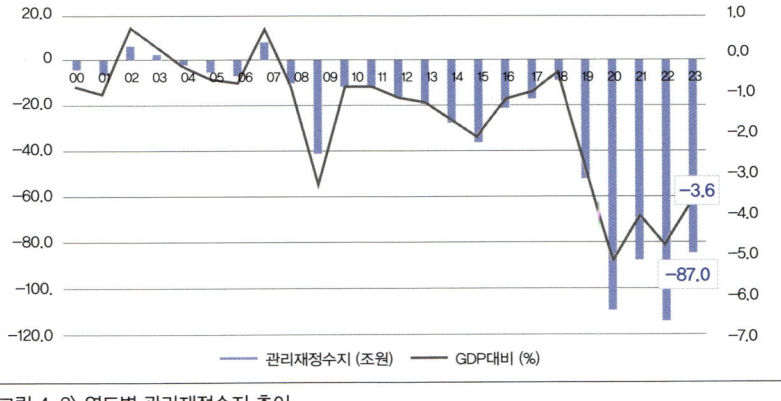

〈그림 4-2〉 연도별 관리재정수지 추이

자료: 기획재정부

경제의 생산능력인 GDP대비 국가채무 비율을 비교하면 우리나라는 미국, 일본, 이탈리아 등 다른 선진국에 비해 낮은 수준에 속한다. 미국, 일본, 이탈리아, 프랑스, 스페인 등 주요 국가의 GDP대비 국가채무 비율이 100%를 상회하고 있는데 한국은 50% 수준(D2기준)이다. 다만 최근 우리나라 국가채무 비율이 매우 빠르게 높아지고 있고, 향후에도 복지지출 확대 등으로 늘어날 가능성이 많다. 그러므로 국가채무의 급속한 증가에 대비해야 하는 상황이다.

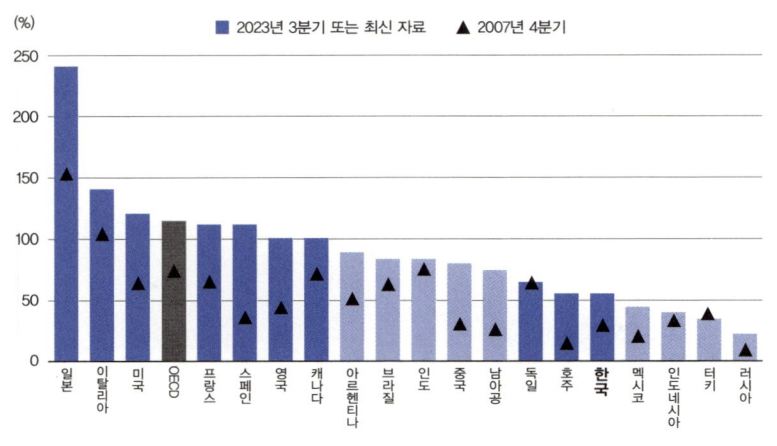

〈그림 4-3〉 각국의 GDP대비 일반정부 부채 비율

자료: OECD

특히 우리나라는 IMF기준, 선진국 가운데 부채비율의 상승속도가 빠른 편에 속한다. 2017년에 37개 선진국가 중 27위였으나 2023년에 21위로 상승하였다. 또한 주요 선진국의 GDP대비 일반정부부채(D2) 비율 평균이 2021년 이후 지속적인 하락세를 보이는 데 비해 우리나라 일반정부부채(D2) 비율은 상승세를 지속하고 있다. 37개 선진국가 평균 GDP대비 국가부채(D2) 비율은 2020년 122.4%를 기록한 이후 계속 낮아지며 2023년 111.0%에 이르렀다. 반면, 우리나라 GDP대비 국가부채(D2) 비율은 2019년 39.7%에서 2020년 45.9%로 올라간 후 상승세를 지속하며 2023년에는 50.7%에 다다랐다.[25] 2023년 기준으로 선진국 가운데 비기축통화국의 평균인 53.7%에 가까우며 부채가 늘어나는 속도가 주요 선진국에 비해 빠른 상황이다.

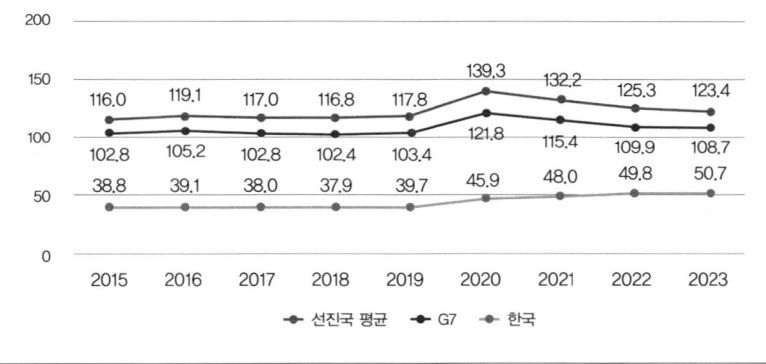

**GDP대비 국가부채(D2 기준) 비율**

〈그림 4-4〉 GDP대비 일반정부부채(D2) 비율 추이 비교

자료 : IMF, 〈Fiscal Monitor〉(2024년 4월), 한국 GDP 기준연도 변경 반영

2024년 기준 국가채무 1,175.2조원 중 중앙정부채무 비중이

97.1%이고, 지방정부 순채무의 비중은 2.9%이다. 향후 조세 등 국민부담으로 상환해야 하는 적자성 채무[26]가 815.4조원으로 69.4%를 차지하고, 대응자산이 있어 재정의 추가 부담이 없는 금융성 채무가 359.8조원으로 30.6%를 차지한다. 적자성 채무의 비중은 2003년 36.2%, 2008년 42.9%, 2013년 51.7%, 2017년 56.8%, 2024년 69.4%로 지속적으로 증가하고 있다. 적자성 채무는 일반회계 적자국채, 공적자금 상환, 지방정부 순채무 등으로 구성된다. 정부가 직접 갚아야 하는 적자성 채무의 비중이 계속 늘어나고 있다는 것은, 국가의 재정 건전성이 점점 악화되고 있다는 신호이다.

## 대한민국 국가채무 증가의 역사

외환위기 이전인 1996년까지는 우리나라의 GDP대비 국가채무 비율이 10%대에 머물러 있을 정도로 재정운영이 상대적으로 건전했다. 그 배경에는 1970~1980년대 고도성장을 지속하던 거시경제적 여건도 있지만, 1980년대에 우리나라 재정운영과 관련된 원칙과 각종 제도적 장치가 마련된 것과도 연관되어 있다. 1970년대의 만성적인 재정적자 상황에서 벗어나 건전한 재정기조 정착을 제도적으로 뒷받침하는 조치가 있었다. 국가재정 운영의 근간이 되는 예산회계법에 재정적자를 보전하기 위한 국채의 발행을 원칙적으로 금지하고, 세입범위 내에서 세출을 하도록 하는 법적 근거[27]가 마련되었던 것이다.[28]

우리나라가 다른 국가들에 비해 상대적으로 건전하게 재정을 운영할 수 있었던 이유는 이와 같은 법적 보완장치 마련 외에도 1980년대를 중심으로 준수되었던 '세입 내 세출 원칙' 때문이었다. 당시에 재정을 담당하는 공무원들이 '세입 내 세출 원칙'을 통해 균형재정을 지키는 것을 재정운영의 절대 선으로 인식했을 뿐만 아니라 이러한 재정운영 원칙을 국회와 정부 내에서도 존중해 준 결과라 하겠다. 또한 특별한 세출 소요가 요구되는 여건이 발생한 경으에도 국공채 발행 등에 의해 재원을 조달하지 않고, 방위세(1975년), 교육세(1982년), 농어촌특별세(1994년) 등 목적세를 도입함으로써 일관성 있게 건전한 재정운영 기조를 유지해 왔다.

이러한 기조는 1997년 외환위기를 맞으면서 경제위기 극복을 위한 적극적인 재정정책을 추진함에 따라 본격 전환되었다. 외환위기 극복을 위한 정책대응에서 그동안의 건전재정 기조에서 벗어나 적자재정을 통해 정부지출을 늘리는 확장적 기조로 바뀌게 되었다.

외환위기 초기의 재정대책으로 제1차 추가경정예산이 편성되었을 때는 '세입 내 세출'이라는 건전재정기조를 유지하는 방향에서 마련되었다. 즉, 경제성장률 하락에 따라 세입은 감소하였고, 금융구조 조정비용, 실업대책, SOC 확충 등에 따른 세출예산 증액 소요가 있었으나 교통세율 30% 인상 등 세입증대와 인건비, 행정경비, 사업비 등의 세출을 삭감하여 소요재원을 조달하였던 것이다. 즉, 경제성장률이 하락하는 시기에 재정정책은 재정지출을 줄이는 방향으로 감액 추경을 한 셈이다.

그런데 제1차 추가경정예산 편성 이후 경기상황이 심각한 수준으로 악화되었다. 이에 정부와 IMF는 더욱 적극적인 재정운영을 통해 경기위축을 보완해야 한다는 필요에 공감하게 되었다. 이러한 배경 아래 제2차 추가경정예산안은 1983년 이후 15년 만에 처음으로 적자예산으로 편성되었다. 당시 추가경정예산 규모는 세출증액 6조 7,000억원 세입결손보전 8조 3,000억원을 합한 총 15조원 수준으로 당시 기준으로는 사상 최대 규모였다.[29]

이로 인해 우리나라의 국가채무는 〈표 4-1〉과 같이, IMF 경제위기 직전인 1997년 말 60조 3,000억원에서 위기 극복 이후인 2002년에 133조 6,000억원으로 늘어났다. GDP대비로는 같은 기간에 11.9%에서 18.5%로 6.6%포인트 증가했다. 1998년에서 2002년 사이에 국가채무가 늘어난 주요 원인은 외환위기 극복을 위한 적극적인 재정정책의 추진에 따른 것이었다.

| 구분 | 1997년 | 1998년 | 1999년 | 2000년 | 2001년 | 2002년 |
|---|---|---|---|---|---|---|
| • 국가채무(조원) | 60.3 | 80.4 | 98.6 | 111.4 | 122.1 | 133.6 |
| (전년 대비증감, 조원) | – | (20.1) | (18.2) | (12.8) | (10.7) | (11.5) |
| • GDP대비 비율(%) | 11.9 | 16.0 | 18.0 | 18.5 | 18.7 | 18.5 |
| (전년 대비증감, %p) | – | (4.1) | (1.9) | (0.5) | (0.3) | (△0.2) |

〈표 4-1〉 IMF외환위기 당시의 국가채무 증감 현황

자료: 안일환(2010), 『2010 한국의 재정』, 106쪽

이와 같은 적극적인 재정운영의 결과 외환위기는 극복되었으나, 이 과정에서 악화된 재정건전성은 쉽게 회복되지 못한다. 2002년과 2003년에는 일시적으로 재정수지가 흑자를 보였으나, 2004년부터 다시 적자로 전환되며, 외환위기 당시 증가한 국가채무는 이후에도 계속해서 늘어난다.

경제위기 이후에도 국가채무가 꾸준히 증가함에 따라, 2003년 165조 8,000억원이던 국가채무는 2008년에는 309조원으로 불어난다. 같은 기간 국내총생산(GDP)대비 국가채무 비율도 2003년 19.1%에서 2008년 25.7%로 6.6%포인트 상승한다.[30]

이 기간 중 국가채무 증가에는 노무현 정부 이전 외환위기 극복을 위해 투입된 공적자금 중 회수되지 않은 금액이 국채로 전환된 영향과, 외환시장 안정을 위한 국채발행이 크게 작용한다.

노무현 정부 기간에는 경제위기 대응을 위한 대규모 적자재정은 없었지만, 복지지출이 크게 확대된 것이 주요한 특징이다. 국가재정에서 사회복지부문이 차지하는 비중이 크게 증가한다. 구체적으로는 사회보장연금 지출이 2002년부터 2006년까지 11조원 증가했고, 주택 및 사회개발 부문은 49%나 늘어나며, 기타 순수복지지출도 같은 기간 동안 8조 3,000억원 증가한다.[31] 그 결과, 노무현 정부 기간 중 사회복지 예산 비중이 경제 분야 예산을 넘어서는 등 재정지출 구조에 큰 변화가 나타난다. 이 시기에는 기초노령연금 도입 등 복지 분야 지출이 크게 확대되었으며, 이에 따른 적자재정 운영으로 국가채무도 크게 증가한다.

| 구분 | 2003년 | 2004년 | 2005년 | 2006년 | 2007년 | 2008년 |
|---|---|---|---|---|---|---|
| · 국가채무(조원) | 165.8 | 203.7 | 247.9 | 282.7 | 299.2 | 309.0 |
| (전년 대비증감, 조원) | (32.2) | (37.9) | (44.2) | (34.8) | (16.5) | (9.8) |
| · GDP대비 비율(%) | 19.1 | 21.6 | 24.9 | 27.0 | 26.4 | 25.7 |
| (전년 대비증감, %p) | (2.7) | (2.5) | (3.3) | (2.1) | (△0.6) | (△0.7) |

〈표 4-2〉 노무현 정부 기간 중 국가채무 현황

자료: 기획재정부 재정통계 자료 재구성. 국가채무 비율 GDP 기준연도 2020년 신계열 기준

이명박 정부 출범 이후인 2008년에 글로벌 금융위기가 발생한다. 정부는 위기 극복을 위해 수정예산과 추가경정예산을 편성하는 등 대규모 확장 재정정책을 추진한다.

2008년 말 리먼브라더스 파산 이후 실물경제가 급격히 위축되자, 정부는 2009년도 예산안을 약 10조원 확대하는 수정예산을 편성한다. 수정예산은 정부가 국회에 예산안을 제출한 이후, 본회의 의결 전에 기존 예산안을 정부 스스로 조정하는 것이다.

이번 수정예산에서 약 80%는 일자리 유지 · 창출과 내수 진작 효과가 큰 사회간접자본(SOC) 및 산업 · 중소기업 지원 분야에 집중 투자된다.

2009년 초에도 국내외 경제 여건이 빠르게 악화되자, 정부는 세출을 17조 7,000억원 늘리고 세입결손 보전을 위해 11조 2,000억원을 추가해, 총 28조 9,000억원 규모의 추가경정예산을 편성한다.

이와 같은 재정 확대의 결과, 2009년과 2010년에 국가채무가 크게 증가한다. 2008년 309조원이던 국가채무는 2013년에는 489조

8,000억원으로 180.8조원 늘어난다. GDP대비 국가채무 비율도 2008
년 말 25.7%에서 2013년 31.2%로 5.5%포인트 상승한다.

이 기간 동안 국가채무가 증가한 주요 원인은 글로벌 금융위기
대응을 위한 적극적인 재정정책 추진에 있으며, 특히 일반회계 적자
보전을 위한 국채발행이 크게 확대된 것이 주요 요인이 된다.

(단위: 조원)

| 구분 | 2008 | 2009 | 2010 | 2011 | 2012 | 2013 |
|---|---|---|---|---|---|---|
| • 국가채무(조원) | 309.0 | 359.6 | 392.2 | 420.5 | 443.1 | 489.8 |
| (전년 대비증감, 조원) | (9.8) | (50.6) | (32.6) | (28.3) | (22.6) | (46.7) |
| • GDP대비 비율(%) | 25.7 | 28.6 | 28.4 | 29.0 | 29.5 | 31.2 |
| (전년 대비증감, %p) | (△0.7) | (3.0) | (△0.1) | (0.6) | (0.5) | (1.6) |

〈표 4-3〉 이명박 정부 기간 중 국가채무 현황

자료: 기획재정부 재정통계 자료 재구성, 국가채무 비율 GDP 기준연도 2020년 신계열 기준

박근혜 정부 기간은 상대적으로 재정지출 규모의 증가율이 낮
았던 시기이다. 2008년 금융위기 상황에 늘어났던 국가채무 증가 속
도를 재정건전화를 위해 줄여나가던 시기로 볼 수 있다. 특히, 박근
혜 정부는 '증세 없는 복지 확대'를 표방하며 조세부담 수준을 낮게
유지하면서 보수정권으로서 재정지출 증가율을 낮게 유지했던 것이
다. 이 시기에는 GDP대비 관리재정수지의 비중도 -2% 내외로 유지
되었다. 다만, 2015년에는 감염성 질환인 메르스(중동호흡기증후군)가
발생함에 따라 이에 의한 경제의 어려움을 극복하기 위해 세입경정
(-5.4조원)과 세출증액(6.2조원)의 11.6조원 규모의 대규모 추경을 하

였다. 이로 인해 전년에 비해 1.6%p의 GDP대비 국가채무 비율의 증가가 있었으나 2016년과 2017년에 재정규모 증가율을 각각 2.9%와 3.7%로 낮게 설정함으로써 국가채무 비율의 증가를 억제했다.

(단위: 조원)

| 구분 | 2013 | 2014 | 2015 | 2016 | 2017 |
|---|---|---|---|---|---|
| • 국가채무(조원) | 489.8 | 533.2 | 591.5 | 626.9 | 660.2 |
| (전년 대비증감, 조원) | (44.6) | (43.4) | (58.3) | (35.4) | (33.3) |
| • GDP대비 비율(%) | 31.2 | 32.5 | 34.0 | 34.2 | 34.1 |
| (전년 대비증감, %p) | (1.6) | (1.3) | (1.5) | (0.2) | (△0.1) |

〈표 4-4〉 박근혜 정부 기간 중 국가채무 현황

자료: 기획재정부 재정통계 자료를 재구성, 국가채무 비율 GDP 기준연도 2020년 신계열 기준

문재인 정부는 위기의 상시화와 경제·사회 양극화 등 구조적 문제에 대응하기 위해 재정의 적극적 역할을 강조하며, 역대 어느 정부보다 확장적으로 재정을 운용했다.

문재인 정부 임기 동안 본예산 기준 연평균 총지출 증가율은 8.7%로, 연평균 총수입 증가율인 4.7%를 크게 상회했다. 이처럼 적극적인 재정운영은 코로나19 팬데믹으로 인한 장기 경제위기 대응이 주요 배경이 된다. 팬데믹은 약 3년에 걸쳐 경제 전반에 영향을 주었고, 이에 따라 위기극복을 위한 재정정책 차원에서 여러 차례의 대규모 추가경정예산이 편성되었다. 코로나19 팬데믹 기간 중에는 대부분의 OECD국가들에서도 대규모의 확장적 재정정책이 추진되었다.

국가채무와 경제위기

코로나19 위기가 본격화된 2020년에는 네 차례에 걸쳐 총 66
조 9,000억원의 추경이 마련되었고, 2021년에도 본예산을 전년 대비
8.9% 증액한 데 이어, 팬데믹 장기화에 따른 피해 지원과 파급 영향
최소화를 위해 두 차례에 걸쳐 총 49조 5,000억원의 추경을 추가로
편성한다. 결과적으로, 문재인 정부는 본예산을 지속적으로 확장적으
로 편성한 가운데, 코로나19 발생 이후인 2020년과 2021년에만 여섯
차례에 걸쳐 총 116조 7,000억원 규모의 추경을 편성한다. 이러한 적
극적 재정운영의 결과, 2020년 한국의 GDP 감소 폭은 OECD 회원
국 중 가장 작은 편이었고, 1인당 GDP가 OECD 가입 후 처음으로
OECD의 평균을 상회하게 되는 등 성과도 있었지만 국가채무는 전
례 없이 빠른 속도로 증가하게 된다.

(단위: 조원)

| 구분 | 2017 | 2018 | 2019 | 2020 | 2021 | 2022 |
|---|---|---|---|---|---|---|
| • 국가채무(조원) | 600.2 | 680.5 | 723.2 | 846.6 | 970.7 | 1,067.4 |
| (전년 대비증감, 조원) | (33.3) | (20.3) | (42.7) | (123.4) | (124.1) | (96.7) |
| • GDP대비 비율(%) | 34.1 | 33.9 | 35.4 | 41.1 | 43.7 | 45.9 |
| (전년 대비증감, %p) | (△0.1) | (△0.2) | (1.5) | (5.7) | (2.6) | (2.2) |

⟨표 4-5⟩ 문재인 정부 기간 중 국가채무 현황

자료: 기획재정부 재정통계 자료를 재구성, GDP 기준연도 변경(2015→2020) 반영

윤석열 정부는 재정건전성 회복을 주요 목표로 내세우며 재정
지출 증가율을 크게 낮춘다. 2023년도 예산의 지출 증가율은 5.1%,
2024년도는 2.8%, 2025년도는 3.2%로 편성하여, 전임 정부에 비해

재정지출 확대 폭을 대폭 축소한다.

　코로나19 팬데믹 종료 등의 영향으로 국가채무 증가율은 2019년부터 2022년까지의 기간에 비해 둔화된다. 그러나 경제의 저성장과 감세 정책 등으로 인해 세수가 계획만큼 확보되지 못하면서 재정수지 적자는 코로나19 위기 때에 비해 크게 개선되지 못한다.

　이에 따라 관리재정수지는 2023년 결산 기준으로 87조원 적자, 2024년에는 104조원의 적자를 기록하고 2025년 예산안 기준으로는 77조 7,000억원의 적자가 예상되는 등 여전히 큰 폭의 적자를 이어간다.

(단위: 조원)

| 구분 | 2022 | 2023 | 2024 | 2025 |
|---|---|---|---|---|
| • 국가채무(조원) | 1,067.4 | 1,126.8 | 1,175.2 | 1,273.3 |
| (전년 대비증감, 조원) | (96.7) | (59.4) | (48.5) | (77.5) |
| • GDP대비 비율(%) | 45.9 | 46.9 | 46.1 | 48.1 |
| (전년 대비증감, %p) | (2.2) | (1.0) | [32](△0.8) | (0.7) |

〈표 4-6〉 윤석열 정부(2023-2025) 기간 중 국가채무 현황

자료: 기획재정부 재정통계 자료를 재구성, 2025년은 결산서 반영전 예산안 기준

　〈그림 4-5〉에서 나타나듯, 각 정부별 국가채무 증가율을 비교하면 보수정부인 이명박 정부와 박근혜 정부에서는 상대적으로 증가율이 낮고, 진보정부인 노무현 정부와 문재인 정부에서는 증가율이 높다. 물론 당시에는 코로나19 팬데믹 등 경제위기 극복이라는 불가피한 상황이 있었음을 감안해야 하나, 그럼에도 진보 정부 기간 중 재

정지출과 국가채무 증가율은 상대적으로 높은 수준을 기록한다. 이는 진보정부들이 경제에 대한 정부의 적극적 개입을 중시하고, 재정적자 확대를 감수하면서까지 사회안전망의 대폭 확충과 복지 지출의 확대 등 재정의 역할을 강화하는 데 중점을 둔 결과이다. 이러한 적극적인 재정 정책 기조에 따라 국가채무는 크게 증가하였다.

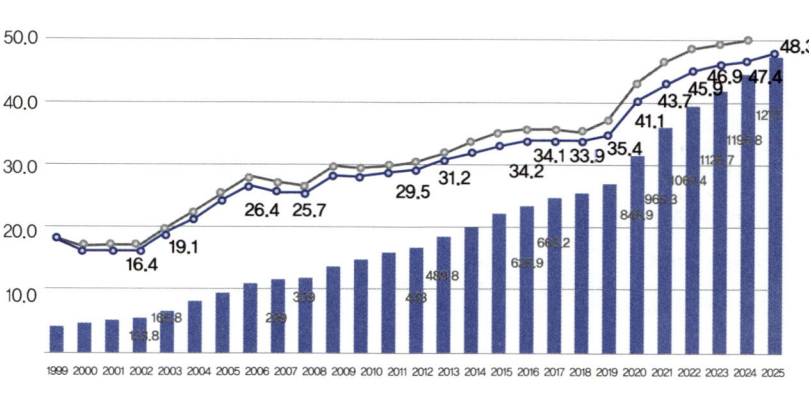

**국가채무 추이**

*2023년까지는 결산, 2024년은 본예산, 2025년은 예산안 기준
신GDP대비 그래프: GDP 기준연도 변경(2015→2020)에 따라 조정된 국가채무 비율

〈그림 4-5〉 우리나라 국가채무 증가 추이

자료: 기획재정부

그동안 국가채무는 1998년 외환위기, 2008년 글로벌 금융위기, 2020년부터 2022년까지의 코로나19 팬데믹 등 주요 경제위기 시기에 크게 증가하였다. 경제위기 상황에서 적자재정을 통해 경기를 보강하는 것은 불가피한 선택이다. 그리고 위기 극복 이후에는 중기적으로 재정건전성이 회복되는 것이 일반적이다.

실제로 1998년 외환위기 이후 재정건전성이 회복되면서 2002년과 2003년에는 관리재정수지가 흑자로 전환되었고, 2008년 글로벌 금융위기 이후에도 관리재정수지 적자는 국내총생산(GDP) 대비 −1.0% 수준으로 대폭 개선된다.

반면, 코로나19 팬데믹 이후인 2023년과 2024년에는 관리재정수지 적자가 GDP대비 −3.6% 수준으로 매우 높은 수준을 유지한다. 이는 팬데믹 종료 이후 정부가 재정지출 증가율을 억제하며 건전 재정을 강조하였음에도, 세입감소 등으로 인해 재정적자가 여전히 크게 나타나기 때문이다.

이러한 상황은 우리나라 재정이 이제 단순히 재량지출 일부를 구조조정하는 방식만으로는 재정적자를 근본적으로 개선하기 어려운 구조적 한계에 직면해 있음을 보여준다.

## 우리 앞에 놓인 위험 요인들

앞서 살펴본 바와 같이, 대부분의 OECD 회원국에서 국가채무가 증가하는 추세이며, 일본과 미국 또한 구조적으로 국가채무가 급격히 증가하고 있는 상황이다. 이러한 글로벌한 채무증가의 상황을 배경으로 향후 채무증가가 초래할 수 있는 위험성에 대한 우려도 함께 제기되고 있다.

우리나라 역시 향후 국가채무의 누적적인 증가는 불가피할 것으로 보이며, 이에 따라 재정건전성을 위협할 수 있는 주요 재정위험 요인들을 살펴본다.

### 경제성장률이 떨어지고 있다

지난 30년간 우리나라는 OECD국가들의 평균보다 높은 성장세를 유지[33] 하면서 주요 선진국과의 경제 격차를 축소하여 왔다. 그러나 최근에는 점차 성장률이 감소되는 추세를 보이고 있다. 1963년에서 1991년까지 연평균 9.5%의 놀라운 성장을 실현하던 한국 경제가 1992년부터 2011년까지는 연평균 5.1%의 성장률을 보였고, 2012년 이후부터는 연평균 2%대를 기록하고 있다.[34] 더구나, 2025년의 경우 주요 기관들이 한국의 경제성장률을 1% 이내로 전망하고 있는 상황이다. 1990년대 이후의 잠재성장률도 다른 선진국에 비해 높은 수준이었으나 지속적으로 하락하고 있다. 향후에도 생산가능인구의 감소 등에 따라 낮은 수준을 유지할 것으로 전망된다. 성장률의 감소는 정부세입의 감소로 이어져 재정적자를 확대시키는 중요한 요인이 된다. 실제로 한국의 국세수입은 2022년 395조 9,000억원에서 2023년 344조 1,000억원, 2024년 336조 5000억원으로 감소했다. 일본의 사례에서도 경제성장률의 감소는 세입기반을 악화시켜 재정적자를 확대시키는 요인이 되었다. 또한 성장률의 감소는 GDP대비 국가채무의 비율을 높이게 되어 재정의 지속가능성을 위험하게 만드는 요인이 되기도 한다.

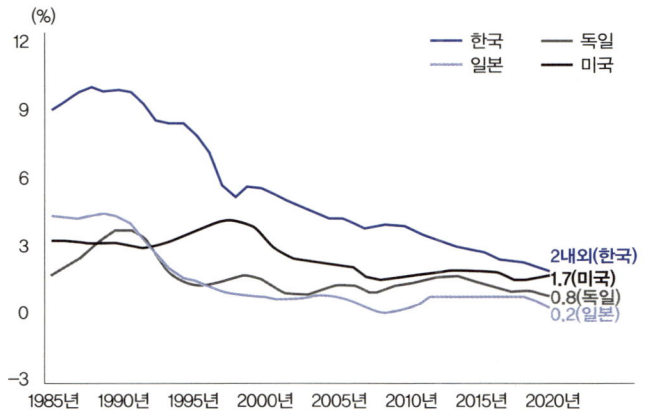

〈그림 4-6〉 주요 국가들의 성장률 추이

## 인구구조가 이렇게 바뀌었다

저출생과 고령화로 인한 인구구조 변화는 생산가능인구 감소와 소비 및 투자 위축을 초래하여 경제성장률에 부정적인 영향을 미친다. 이는 결과적으로 국내총생산(GDP) 대비 국가채무 비율을 악화시키는 요인이 된다.

또한 고령인구 관련 재정지출 수요가 증가하며 재정수지에 부정적 영향을 주는 동시에 납세 인구도 줄어 국가재정 수입 측면에서도 부담을 가중시킨다.

다른 OECD 국가들과 비교할 때, 한국의 고령화 속도는 상대적으로 매우 빠르며 인구구조 또한 단기간 내에 급격한 변화를 겪을 것으로 전망된다.

한국의 합계출산율은 2018년에 1명 이하로 떨어졌으며, 2022년에는 0.78명까지 감소하였다. 고령화는 2018년에 고령사회(노인인구 비율 14% 이상)에 진입한 데 이어, 2025년에는 초고령사회(노인인구 비율 20% 이상)에 진입할 것으로 예상된다.

저출생과 고령화로 인해 2020년을 정점으로 전체 인구는 지속적으로 감소하는 반면, 65세 이상 노인인구 비율은 2050년에 약 40% 수준으로 크게 증가할 전망이다.

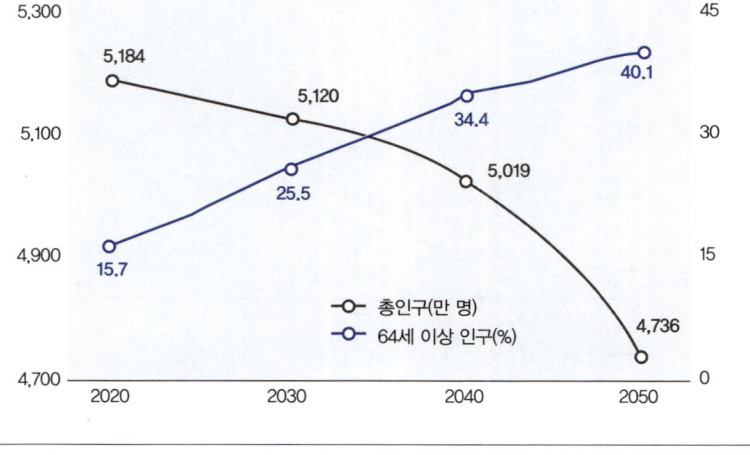

〈그림 4-7〉 총인구와 노인인구 추이 예측(2020-2050년)

자료: 통계청

노인인구의 급격한 증가는 재정적으로 노인부양 부담을 크게 증가시킨다. OECD에 따르면, OECD 평균 노인부양비(20세에서 64세인구 대비 65세 이상 인구 비율)는 1980년 19.8에서 2020년 30.4로 상승하였으며, 2060년에는 57.8까지 증가할 것으로 전망된다.

2020년 기준 우리나라 노인부양비는 23.6으로 OECD 평균인 30.4보다 낮고, 일본의 52.0보다도 낮은 편이다. 그러나 2060년에는 우리나라 노인부양비가 89.7에 달해 OECD 최고 수준에 이를 것으로 전망되며, 이는 OECD 평균 57.8과 일본의 83.3을 크게 상회하는 수치이다.

국가채무와 경제위기

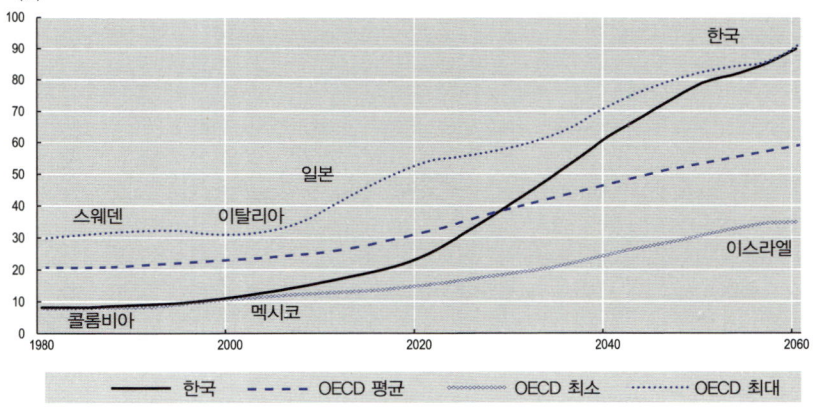

〈그림 4-8〉 노인부양비(20~64세 인구 대비 65세 이상 인구 비율) 추이

자료: OECD Reviews of Pension System: Korea 2022

## 연금 및 건강보험 등 복지지출이 증가하고 있다

고령인구 비율의 증가는 연금지출과 요양보호 · 의료비 지출 등 복지지출 소요의 증가를 가져온다. 일본의 경우에도 재정적자의 주요 원인 중 하나는 고령인구 증가에 따른 복지지출 확대였다. 우리나라의 인구 구조 변화는 일본과 유사한 추이를 보이고 있으며, 2050년경에는 고령인구 비율이 일본보다 더 높을 것으로 전망된다.

특히 연금과 의료 등 복지지출에 대한 재정 압박이 심화되면서 복지제도의 지속 가능성 약화가 우려된다. 국민연금연구원의 '국민연금 중기재정 전망'(2024년~2028년)에 따르면, 급격한 저출생과 고령화로 생산활동 인구가 감소하면서 가입자는 줄고, 베이비붐 세대의 지속적인 은퇴로 수급자는 급증할 것으로 예상된다. 이에 따라 국민연금은 2027년부터 투자 운용 수익 없이 수입만으로는 연금 급여 지출을 감당하기 어려운 상황에 이를 것으로 분석되었다.

또한 제5차 국민연금 재정재계산(2023년)에 의하면 고령화 영향이 큰 국민연금은 2041년에 적자로 전환되고, 2055년에는 적립금이 소진될 것으로 전망된다.

노인인구 증가는 건강보험 재정수지에도 큰 영향을 준다. 보건복지부가 발표한 제2차 국민건강보험 종합계획(2024년~2028년)에 따르면 건강보험 당기수지는 2026년부터 적자로 전환되며, 2028년에는 적자 규모가 1조 5,836억원에 이를 전망이다.

2018년 총진료비 중 노인인구 진료비가 39.9%를 차지했으나, 2022년에는 42%로 증가하였다. 건강보험료 인상에 한계가 있는 상황에서 노인인구의 급속한 증가는 향후 의료비 증가로 인한 재정지출 부담을 크게 키울 수밖에 없는 현실이다.

OECD 회원국 간 복지지출 규모 비교는 공공사회복지지출(SOCX)을 기준으로 한다. 〈그림 4-9〉에서 보듯 우리나라의 공공사회복지지출(SOCX)은 2020년 기준 국내총생산(GDP)의 12.5%로 OECD 평균인 20.1%에 비해 상당히 낮은 수준이다. 그러나 우리나라의 공공사회복지지출도 고령화와 연금성숙 등으로 현행 제도 유지 시에도 2040년경에는 OECD 평균 수준으로 증가할 것으로 예상되며, 이에 따른 재정부담 역시 크게 확대될 전망이다.

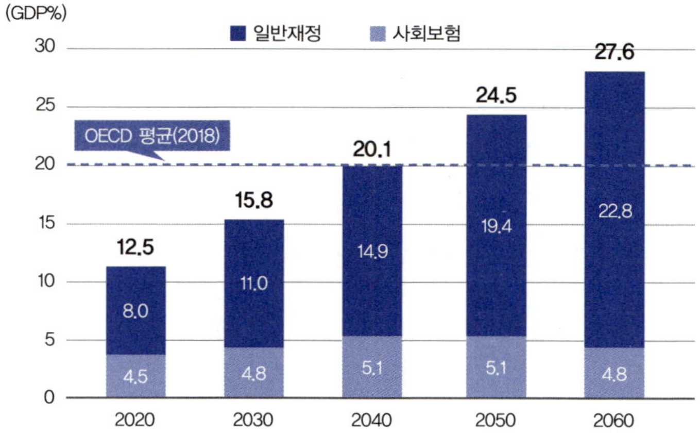

〈그림 4-9〉 공공사회복지지출(SOCX) 전망

자료: 보건복지부

　　한국은 현재의 인구구조와 복지지출 수준을 감안하면 2019년
기준 국제 비교에서는 저부담-저복지 국가군에 속한다. 그러나, 최근
복지재정지출이 빠르게 확대되면서 국민부담률도 과거 대비 높은 상
승세를 기록하여 국민부담률로 보면 OECD 평균과의 격차가 크게
줄고 있다.

〈그림 4-10〉 국민부담률 추이(1990~2022년)

자료: OECD 통계, 국회예산정책처, NABO재정추계&세제 이슈(2023년 8월)

〈표 4-7〉은 2018년 이후 2024년 예산안까지 우리나라 복지 분야 지출 규모 변화와 주요 항목별 지출 추이를 분석한 것이다. 복지 분야 지출액은 2018년 144조 6,000억원에서 2024년 242조 9,000억원으로 67.9% 늘어났다. 같은 기간 총조세액은 2018년 293조 6,000억원에서 2024년 예산안 기준 367조 4,000억원으로 약 25% 확대되었다. 즉, 주요 수입이 25% 증가한 것에 비해 복지지출은 67.9%나 급증하여 복지지출의 상승 속도가 훨씬 빠르고, 이로 인해 재정수지 적자 요인이 크게 확대되고 있음을 알 수 있다.

복지 분야 주요 지출 추이를 보면, 공적연금 지출은 2018년 47조 8,000억원에서 2024년 80조 9,000억원으로 69.2% 상승하였다. 노인 관련 재정지출은 2018년 11조원에서 2024년 25조 6,000억원으로 132.7% 급증하였다. 이처럼 노인인구 증가에 따라 노인 관련 재정지출이 실제로 빠른 속도로 확대되어 왔으며, 앞으로도 크게 늘어날 것으로 예상된다.

(조원 ( )는 전년대비 증가율)

| 연도별 | 18 | 19 | 20 | 21 | 22 | 23 | 24 |
|---|---|---|---|---|---|---|---|
| **복지 분야** | **144.6**<br>(11.7) | **161.0**<br>(11.3) | **180.5**<br>(12.1) | **199.7**<br>(10.6) | **217.7**<br>(9.0) | **226.0**<br>(3.8) | **242.9**<br>(7.5) |
| 기초생활보장 | 11.0<br>(5.0) | 12.7<br>(15.3) | 14.0<br>(9.9) | 15.3<br>(9.7) | 16.8<br>(9.4) | 19.1<br>(14.1) | 20.8<br>(8.8) |
| 공적연금 | 47.8<br>(6.2) | 50.3<br>(5.3) | 55.4<br>(10.2) | 60.0<br>(8.3) | 63.0<br>(4.9) | 71.3<br>(13.2) | 80.9<br>(13.4) |
| 노인 | 11.0 | 14.0<br>(26.7) | 16.6<br>(19.0) | 18.9<br>(13.5) | 20.5<br>(8.4) | 23.2<br>(13.5) | 25.6<br>(10.3) |

〈표 4-7〉 복지분야 주요 항목 지출증가 추이

자료: 기획재정부 통계 재구성

## 지출의 숙명이 된 기후변화

기후변화에 대응하기 위한 녹색전환(Green Transition)은 최근 OECD
와 같은 국제기구에서 가장 중요한 논의 과제 중 하나이다. 2015년
파리협정 체결을 계기로 선진국과 개도국을 포함한 모든 국가에 온
실가스 감축을 위한 의무를 부여하는 등 국제적인 압박이 증대하고
있다. 국제사회에서는 RE100(Renewable Energy 100) 확대, ESG 경영
강화, 탄소국경조정제(CBAM) 도입 등 탈탄소 경제체제 구축을 위한
급속한 전환을 추진 중이다.

유럽은 2050년 탄소중립 달성을 목표로 EU가 친환경 산업 육성
을 위한 그린딜 산업계획(Green Deal Industrial Plan)을 발표하는 등

전 세계적으로 기후변화 대응을 적극 추진하고 있으며, 이에 따른 재정수요가 크게 늘어날 것으로 전망된다. OECD는 회원국들이 2050년 탄소중립 목표 달성을 위해 에너지 전환에 추가 비용이 발생할 것으로 예상하며, 탄소 배출 산업의 구조조정과 탄소 저감 기술에 대한 투자를 위한 재정부담도 커질 것으로 보고 있다.

우리나라는 2016년 파리협정을 비준한 이후 2050년까지 탄소중립 사회로 전환하기 위한 노력을 꾸준히 이어가고 있다. 2020년 10월에는 2050 탄소중립을 공식 선언하였으며, 같은 해 12월에는 이를 실현하기 위한 2050 탄소중립 추진 전략을 확정하고 발표하였다. 또한, 2021년 9월에는 기후변화 대응을 위한 기본법이 제정되어 2050년 탄소중립을 법적으로 명문화하였고, 2030년까지 국가 온실가스 감축목표(NDC, Nationally Determined Contribution)를 2018년 대비 40% 감축하는 것으로 설정하고 있다.

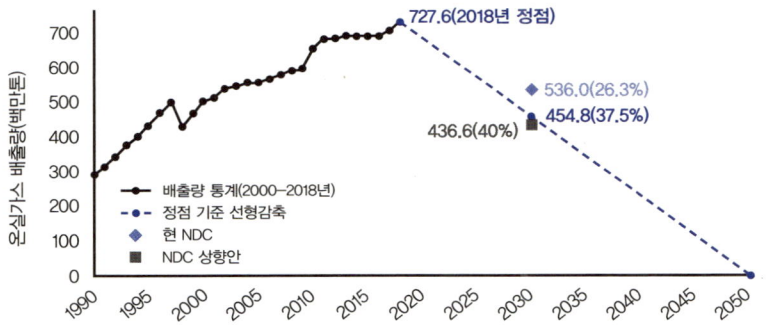

〈그림 4-11〉 2030 국가 온실가스 감축목표(NDC)와 2050 탄소중립 시나리오

자료: 외교부(2021.10), 2030 국가 온실가스 감축목표(NDC) 상향안

**국가채무와 경제위기**

우리나라 부문별 온실가스 배출 통계를 살펴보면, 2021년 기준 전체 배출량의 86.9%가 에너지 분야에서, 7.5%가 산업공정 분야에서 발생하여 이 두 부문이 대부분을 차지한다. 따라서 온실가스 감축 목표를 달성하기 위해서는 에너지와 산업공정 분야의 감축에 중점을 두어야 한다. 경제성장을 유지하면서 경제활동을 위축시키지 않고 온실가스 감축 목표를 이루기 위해서는 화석연료 중심의 에너지에서 저탄소 에너지로 전환하고, 에너지 부문의 온실가스 배출 원단위를 개선하는 기술혁신이 반드시 필요하다. 이를 고려할 때, 에너지 및 산업부문, 특히 다배출 기업에 대한 재정 지원과 기술개발(R&D) 예산의 대폭 확대가 불가피할 것이다.

2023년 4월 수립된 우리나라의 탄소중립·녹색성장 국가전략 및 제1차 국가 기본계획에 따르면, 2023년부터 2027년까지 5년간 탄소중립·녹색성장 지원에 총 89조 9,000억원 이상이 소요될 것으로 추산된다. 이 예산에는 5년간 부문별 감축 대책(54조 6,000억원), 기후변화 적응 대책(19조 4,000억원), 녹색산업 성장(6조 5,000억원) 등이 포함된다. 이에 따라 2023년부터 2027년까지 연평균 재정소요 증가율은 이전 5년간(2018~2022)의 정부 전체 재정규모 증가율을 크게 웃도는 수준을 나타낼 전망이다.

OECD 보고서에 의하면 회원국 중 녹색예산 도입국가는 2022년 24개국에 이르며, 특히 많은 국가가 탄소배출 국가전략을 예산과 연계하거나, 예산편성 시 환경영향평가를 감안하고 있는 것으로 나타났다.[35] 우리나라는 2023년부터 '온실가스 감축인지 예산제도'를 도입하였다. 이 제도는 국가예산이 온실가스 감축에 미치는 영향을 분석하여 예산 편성에 반영하고, 결산 시에는 예산이 적정하게 집행되었는지를 평가하는 체계이다. 온실가스 감축 효과가 높은 사업에 대한 투자를 확대하고, 사업 추진 방식을 전환하는 등 감축 효과를 높임으로써 재정운영이 온실가스 감축에 실질적으로 기여하도록 하는 것을 목표로 한다.

## 이자 부담은 오르고 오른다

코로나19 팬데믹 극복 과정에서 크게 늘어난 통화량과 러시아-우크라이나 전쟁의 영향 등으로 물가가 급격히 상승하였다. 이에 미국과 유럽연합(EU) 등 주요 국가들의 중앙은행은 인플레이션에 대응하기 위해 기준금리를 빠르게 인상하였다. 이자율 인상으로 인해 기존에 증가한 부채 규모에 더해 이자 지출 부담도 크게 늘어나고 있다. 미국의 경우 연방준비제도(Fed) 기준금리는 2022년 5월 이후 여러 차례 인상되어 약 1년 만에 0.25%대에서 5.5%까지 크게 올랐다.

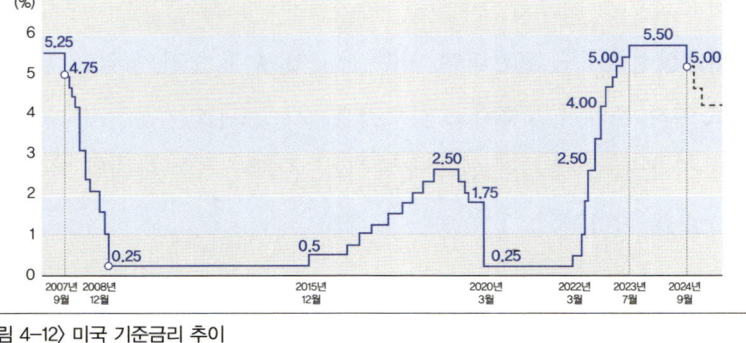

〈그림 4-12〉 미국 기준금리 추이

자료: 미연방준비제도(FED)

국가채무와 경제위기

미국 등 주요 국가의 기준금리 인상 영향으로 우리나라 기준금리도 빠르게 상승했다. 2012년 이후 오랜 기간 기준금리는 하락세를 이어왔으며, 특히 코로나19 팬데믹 기간에는 1% 이내의 초저금리 수준을 유지했으나, 팬데믹 이후 인플레이션 대응 등을 이유로 금리가 크게 올랐다. 실제로 국고채의 시장 유통금리는 2021년 평균 1.79%에서 2022년 평균 3.17%, 2023년 평균 3.36%로 급등했다.

이처럼 빠른 금리 상승은 그동안 저금리 기조에서 증가한 가계부채뿐만 아니라 국가채무의 이자 부담도 크게 늘렸다. 국채이자 부담은 의무지출로 반드시 예산에 반영되어야 하므로, 한정된 재정 총량 내에서 이자 부담 증가는 재량지출 축소 압박으로 작용해 국민 생활에 기여할 수 있는 재정 여력을 줄이게 된다. 즉, 사회간접자본, 교육, 연구개발(R&D) 등 성장에 기여할 수 있는 재량지출에 대한 투자 여력이 축소되거나 재정적자가 확대되는 요인으로 작용할 수 있다.

고금리 기조가 일정 기간 이어질 가능성이 높은 상황에서, 국채 발행량 증가에 따른 이자 부담 확대는 재정건전성과 재정 여력을 약화시키고 여러 경로를 통해 경제에 부정적 영향을 미칠 우려가 크다. 국회예산정책처도 코로나19 이후 국고채 발행 증가와 금리 상승 등으로 이자 부담이 급증하고 있으며, 앞으로 고금리 기조 지속과 만기 도래 국채 물량 증가로 인해 국채이자 부담이 계속 확대될 가능성을 지적한 바 있다.[36]

〈그림 4-13〉 국고채 이자 부담 및 총지출 대비 비중

자료: 국회예산정책처, 〈2023 회계연도 결산 재정총량분석〉, 66쪽

## 조율하기 어려워진 지출 구조

일반적으로 보수정부는 작은 정부를, 진보정부는 큰 정부를 지향하는 경향이 있다. 여기서 '작은 정부'와 '큰 정부'의 기준 중 하나는 재정지출 규모다. 우리나라는 오랫동안 작은 정부가 효율적이며 경제성장에 도움이 된다는 인식이 더 우세했다. OECD 국가들과 비교해보면, 우리나라는 아직 재정 측면에서 상대적으로 작은 정부를 운영하고 있다고 할 수 있다.

2021년 기준으로 GDP대비 일반정부 지출 비중을 살펴보면, OECD 평균은 46.3%인 반면 우리나라는 38% 수준으로 비교적 낮은 편에 속한다. 또한, 같은 해 기준 GDP대비 복지지출 비중도 OECD 평균이 22%인 데 비해 우리나라는 14.9%로 상대적으로 적은 수준이다. 이는 우리나라가 다른 OECD 국가에 비해 재정지출, 특히 복지 분야에서 아직 보수적인 편임을 보여준다.

경제활동인구 대비 공공부문 고용 비중에서도 OECD 평균은 18.6%인 반면, 우리나라는 8.9%에 그친다. 2021년 기준 조세부담률은 OECD 평균이 25%인 데 비해 우리나라는 22.1%이며, 국민부담률[37] 역시 OECD 평균 34.1%보다 낮은 29.9%이다. 이로 미뤄볼 때, 우리나라는 OECD 국가들과 비교하여 상대적으로 작은 정부에 속하며, 낮은 조세부담률을 바탕으로 복지지출 규모도 적은 국가라고 할 수 있다.

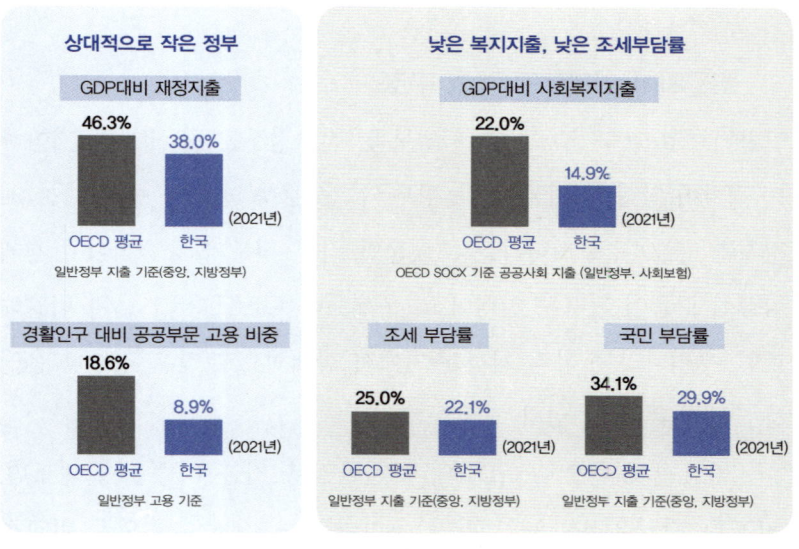

〈그림 4-14〉 재정 및 사회복지지출 비중

자료: 기획재정부

하지만 재정지출 구조를 살펴보면, 복지제도의 성숙과 고령화 영향으로 우리나라 복지지출 비중이 빠르게 확대되고 있다. 역대 정부들이 새로운 복지 프로그램을 도입하고 복지지출을 늘리면서 복지 분야 지출 증가율은 항상 재정 총지출 증가율을 뛰어넘어, 복지지출 비중이 꾸준히 높아지는 추세를 보이고 있다. 이에 따라 우리나라의 GDP대비 재정지출 비중도 지속적으로 증가해 나갈 전망이다.

### 역대 정부의 복지정책

| | 공공부조 | 사회보험 등 |
|---|---|---|
| 이명박 정부 (2008-2013) | 기초 노령연금 도입(2008) 장애인연금 도입(2010) | 노인 장기요양보험(2008) 무상보육 도입(2012) |
| 박근혜 정부 (2013-2017) | 기초연금 도입(2014) 장애인연금 확대(2014) | 건강보험 보장성 강화(2014) 무상보육 전 계층 실시(2013) |
| 문재인 정부 (2017-2022) | 기초생활 보장 사각지대 축소(2017) 아동수당 도입(2018) 기초연금 인상(2019) | 건강보험 보장성 강화(2017) 치매 국가 책임제(2017) 고용보험 대상 확대(2021) |
| 윤석열 정부 (2022~2025) | 생계급여 기준선 인상(2023) | |

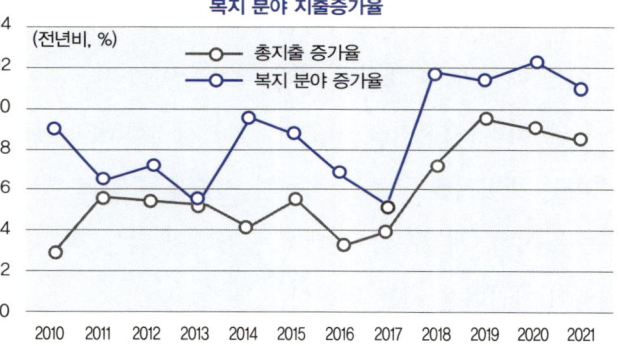

〈그림 4-15〉 역대 정부 복지정책과 복지 분야 지출증가율 추이

우리나라 재정지출은 복지지출뿐 아니라 지방 이전재원과 국채 이자 지출 등 의무지출도 꾸준히 늘어나 재정 경직성이 심화되고 있다. 재정지출은 의무지출과 재량지출로 나뉜다. 의무지출은 법에 따라 정부가 반드시 지출해야 하는 비용을 뜻하며, 재량지출은 정부가 재정상황에 맞춰 조정할 수 있는 지출을 말한다. 의무지출에는 지방교부세, 지방교육재정교부금 같은 법정지출, 국제조약이나 국제법에 따른 지출, 국채 및 차입금 이자지출 등이 포함된다. 복지 분야의 의무지출에는 4대 공적연금, 국민기초생활보장급여, 기초연금, 건강보험 등이 포함된다.

2023년 본예산 기준으로 의무지출은 348.2조원, 재량지출은 308.7조원이다. 총 재정지출 656.9조원에서 의무지출이 차지하는 비중은 53.3%, 재량지출은 46.7%이다. 〈그림 4-16〉에서 보듯이, 의무지출 비중은 2015년 46% 이후 급증하여 2018년에 50%를 넘어섰으며 2023년에는 53%로 꾸준히 상승하는 추세다.[38] 향후 노인인구 증가 등으로 법정 복지지출이 늘어나면서 의무지출 비중도 계속 커질 전망이다. 이는 매년 법적 요건에 따라 자동적으로 지급해야 하는 지출이 증가함에 따라 재정지출 구조가 점차 경직화되고 있음을 의미한다. 경직화된 재정지출 구조는 정부가 지출을 줄일 수 있는 여력이 줄어든다는 뜻이며, 재정수입이 함께 증가하지 않는 한 재정적자가 확대될 위험이 커진다는 것을 뜻한다.

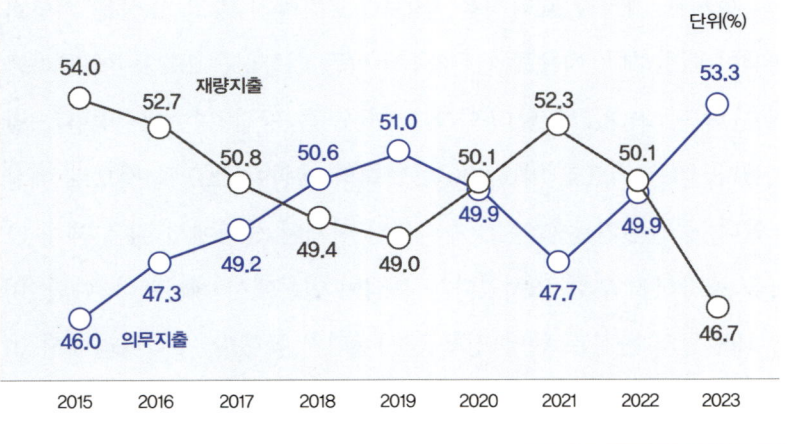

〈그림 4-16〉 재량지출과 의무지출 추이

\* 의무지출은 2015년 이후 급증하여 2018년에 50% 초과

## 적자 부담으로 돌아오는 포퓰리즘

IMF는 2024년도 재정점검보고서(Fiscal Monitor)를 통해 선거가 있는 해에는 재정지출이 늘어나고 재정규율이 약화되는 경향이 있음을 강조했다. 최근 미국을 비롯한 다수 국가에서는 세율인상보다는 재정적자 확대를 바탕으로 재정지출을 늘리는 정치적 선택이 증가하고 있다. 민주주의 국가에서 정치인들은 선거에서 승리하기 위해 지역구 유권자에게 더 많은 혜택을 제공하는 정책을 선호하는 경향이 있다. 일반적으로 조세수입 확대보다는 국채발행 등으로 재정지출을 확대하는 방식을 선호하며, 이는 관료들에게도 그러한 결정을 강요하는 구조적 문제로 이어진다. 이처럼 표를 얻기 위한 정치적 결정이 재정적자 증가로 귀결되는 구조적 편향성을 지니고 있다.

실제로 재정의 효과성을 충분히 고려하지 않고 표심을 겨냥한 정책이 빈번하다. 예를 들어, 미국 바이든 대통령은 2022년에 학자금 대출 1인당 최대 2만 달러(약 2,800만 원)를 탕감하는 행정명령을 발표했다. 이 정책으로 약 4,000억 달러의 재원이 소요될 것으로 예상되었다. 중간선거를 앞두고 지지율이 정체된 상황에서 젊은 세대 표심을 공략하기 위한 조치였다는 분석이 언론에서 제기됐다. 다만, 미국 대법원의 판결로 해당 정책은 시행되지 못했다. 우리나라에서 논란이 되는 보편적 무상복지 정책 역시 세입확보를 전제로 하지 않으면 대규모 재정적자 확대로 이어질 위험이 크다.

차입 시 가장 중요한 원칙은 "투자를 위한 차입이어야 하며, 소비를 위한 차입은 지양해야 한다(Borrow to invest, not to consume)"는 것이다. 소비 목적의 부채 확대는 더 큰 부채로 이어져 결국은 파산으로 귀결될 가능성이 높기 때문이다. 남미 국가들의 사례에서 보듯, 정치권이 포퓰리즘에 빠져 무분별한 재정정책을 추진하면 국가재정이 크게 훼손된다.

한편, 예비타당성 제도를 무력화하려는 정치권의 입법 추진 역시 재정적자 확대의 원인이 된다. 예비타당성 제도는 대규모 재정투자 사업의 우선순위, 적정 투자 시기, 재원 조달 방법 등 타당성을 사전에 검증하여 신중한 사업 추진과 재정 효율성을 제고하기 위한 장치다. 그동안 비효율적 투자를 억제해 재정 낭비를 방지하는 데 큰 역할을 해왔다. 그러나 최근 국회에서 예비타당성 조사를 면제하는 입법을 추진하는 것은 정치적 논리에 따른 재정 낭비를 초래할 우려가 크다. 특히 공항이나 철도 등 대규모 인프라 사업을 예비타당성 조사 없이 진행하는 것은 수요와 효율성을 충분히 반영하지 않은 비효율 적 재정투자로 이어질 가능성이 높다.

또한, 높은 수준의 재정부담을 동반하는 입법을 재정당국의 견 제 없이 무리하게 추진하는 것도 재정적자 확대에 기여한다. 재정투 자의 효율성보다도 정치적 이해관계가 우선시되는 경우가 많은데 신 공항특별법 등도 이러한 입법 추진의 한 사례가 될 것이다.

마지막으로, 일부 정치인들은 한때 미국에서 주목받았던 현대통 화이론(MMT)을 근거로 재정적자를 통한 지출 확대를 주장한다. 그 러나 이 주장에 대해서는 재정 효과성에 대한 고려를 무력화시켜 재 정적자 증가, 통화가치 하락, 신용등급 하락, 인플레이션 위험, 경제 불안정 등의 부작용 가능성을 내포하고 있다는 비판을 고려할 필요 가 있다.

# 'MMT=현대통화이론'의 이해와 비판

전통적인 건전재정론자들은 무분별한 재정운영이 경제 위기를 불러올 위험을 강조한다. 반면, 현대통화이론(Modern Monetary Theory)은 정부는 통화를 발행할 수 있는 권한이 있기 때문에 가계와 달리 적자 재정을 운영하는 데 너무 소극적일 필요가 없다고 주장한다.

2016년 미국 대선 후보였던 버니 샌더스 상원의원이 현대통화이론(MMT)을 언급하며 '정부 지출 확대'를 강조했고, 그의 보좌관이었던 스테파니 켈튼은 『적자의 본질(The Deficit Myth)』이라는 책에서 이 이론을 자세히 설명했다.

전통적으로 정부는 먼저 재원을 어떻게 마련할지 고민한 뒤 지출을 결정한다. 즉, 균형재정을 목표로 세금을 걷거나 지출을 줄이는 방안을 먼저 생각하기 때문에 재정지출에 소극적일 수밖에 없다. 하지만 현대통화이론은 정부가 필요한 지출을 우선 고려하고, 재원은 국채 발행 등으로 충당하면 된다고 본다. 재정지출에 재원 조달의 한계를 두지 않아 보다 적극적인 지출 확대를 주장하는 셈이다.

전통적인 관점에서는 국가채무가 미래세대에 부담을 주는 빚으로,

반드시 상환해야 한다고 본다. 그러나 현대통화이론은 국가채무를 정부지출 중 세금으로 회수되지 않고 민간이 국채 형태로 보유하는 자산으로 인식한다. 따라서 채무는 상환해야 할 빚이 아니라 차환(새 국채 발행으로 기존 채무 갚기)을 통해 관리하면 된다는 입장이다. 현대통화이론에 따르면 정부는 재정정책을 통해 새 화폐를 창출할 수 있으며, 가장 큰 위험은 완전 고용 상태에서 추가 지출로 인한 인플레이션 발생이다. 정부는 독점적으로 화폐를 발행하기 때문에 언제든 화폐를 찍어 국채를 상환할 수 있고, 따라서 정부의 국채는 부도가 날 수 없다고 주장한다.

이 이론이 주목받은 이유는 미국 같은 기축통화국은 돈을 찍어내 지출을 늘려도 큰 문제가 없다는 논리를 제공했기 때문이다. 그러나 이 주장은 미국 내에서도 강한 비판을 받았고, 기축통화국이 아닌 나라에서는 적용하기 훨씬 어렵다.

현대통화이론이 비판받는 가장 큰 이유는 통제가 어려운 고인플레이션 가능성이다. 정부가 제한 없이 적자를 늘리며 지출을 계속하면 화

때문인가 끄도수이 중가에 인플레이션 압력이 가지기 때문이다. 장
부가 재정지출로 조달한 돈으로 사람들에게 일자리를 제공하려 할
때 노동력에 여유가 없다면, 임금상승으로 이어지고 제품가격도 올
라 수요 확대효과는 상쇄될 것이다. 정부지출이 민간지출을 구축하는
효과를 공급면에서 고찰하면 이렇게 된다. 노동이나 공장설비는 운
영용 자금이 있어서 움직일 수 있다. 제조업자가 자기자본 혹은 기업이
금융시장에서 조달한 자금으로 지불하는 경우도 있고, 기업들의 신용이
낮아져서 이런 공급자가 더 감소해 정상적 이어질 가능성이
있다.

이롭지 쓰기어서 비용이 근본적 증가해 채산성이 맞지 않는 가지 신용
량이 기업이 크고, 신용을 받은 것을 수 있다. 신용경색 때문에 지급
조달 비용 증가로 이어져 감지가 여의치 않고, 수요가 있지 하더라도
팔 이롭게 수 없다는 것이다.

정부의 재정정책은 실제적 지출이 재정이 산업은 이용한 장점이
많다할 수 있는 것이다.

는 등의 긍정적인 점에도 불구하고, 결국 현대통화이론이 가진 가장 큰 위험은 재정을 효과적으로 투자하려는 동기를 약화시켜 재정적자 확대, 통화가치 하락, 신용등급 하락, 인플레이션, 경제 불안정 가능성 등을 동시에 키울 수 있다는 점이다. 이러한 비판적 목소리에 귀를 기울일 필요가 있을 것이다.

## 5장 미리보기

- 재정의 지속가능성을 확보하려면 세입확충과 지출통제가 필수이며, 특히 지출관리가 핵심이다.
- 재정건전성 악화를 막기 위해선 경기 변동에 유연하게 대응할 수 있는 예외 조항을 포함한 법적 재정준칙 도입이 필요하다.
- 늘어나는 의무지출을 효과적으로 관리하기 위해 세대 간 형평성을 보장하는 페이고(PAYGO) 제도의 도입이 요구된다.
- 인구구조 변화로 재정수요의 우선순위가 달라지고 있어, 경직된 재원배분 체계를 개선해 효율성을 높여야 한다.

국가채무가 증가하더라도 경제성장률이 높다면 재정위험은 크게 높아지지 않는다. 그러나 재정적자 수준이 높고 국가채무가 누적되고 있는 국가들의 경우, 이러한 경제성장률까지 감안하여 안정적인 모습을 회복할 수 있을지 여부, 즉 재정의 지속가능성이 중요한 문제로 떠오른다.

재정의 지속가능성(sustainability)을 유지하기 위해서는 세입증가와 재정지출 통제 가능성이 핵심 변수로 작용한다. 이 중에서도 특히 재정지출의 증가를 통제할 수 있는지 여부가 가장 중요한 요소라 할 수 있다. 물론 조세부담률을 높일 수 있다면 세입이 증가하고, 이는 재정건전성 개선에 긍정적인 영향을 줄 수 있다. 그러나 민주주의 국가에서는 조세부담률을 인상하는 것이 정치적으로 많은 제약과 위험을 수반하기 때문에 현실적으로 쉽게 추진하기 어렵다.

따라서 재정지출의 확대를 유발하는 요인을 우선적으로 통제하는 것이 더욱 현실적이고 중요한 과제가 된다. 중앙예산기관이 강력한 통제력을 갖추고 있다면, 이 기관이 재정적자 확대를 억제하는 기능을 수행하면 된다. 그러나 대의민주주의 체제에서는 정치적 목적을 위해 적자재정을 선택하고 재정지출을 확대하려는 유인이 크며, 중앙예산기관의 통제력 또한 제한적인 경우가 많다.

이러한 상황을 방지하기 위해서는 제도적 장치가 필요하며, 그 대표적인 예가 재정준칙(fiscal rules)이다. 재정준칙은 정치인과 관료 모두가 엄격한 재정규율을 따르도록 하여, 재정적자 확대를 방지하려는 제도다. 즉, 재정의 지속가능성을 확보하기 위한 일종의 통제 메커니즘이라 할 수 있다.

## 재정총량 관리를 위하여: 재정준칙의 도입

우리나라의 재정건전성은 향후 지속적으로 악화될 가능성이 있는 구조적인 요인들이 다양하게 존재한다. 이 때문에 이제는 재정준칙의 입법화를 보다 적극적으로 추진해야 할 시점이라 본다.

재정총량을 관리하는 약한 수준의 재정준칙은 과거에도 존재해 왔다. 예를 들어, 1980년대에는 '세입 내 세출'이라는 재정운영 준칙을 통해 재정건전성을 유지한 바 있다.[39] 또한 2010년경에는 2008년 글로벌 금융위기 이후 악화된 재정수지를 균형재정 수준으로 회복하기 위해, '균형재정에 이를 때까지 총지출 증가율을 총수입 증가율보다 2~3%포인트 낮게 유지'하는 한시적인 행정부 내부 준칙을 운영한 바 있다.

이러한 사례들은 재정준칙이 재정건전성 유지에 기여할 수 있음을 보여주는 예라 할 수 있다. 그러나 이런 재정준칙들은 명시적으로 강제화된 준칙이 아니기 때문에 준칙을 지속적이고 엄격하게 준수하는 데 어려움이 있다. 중앙예산기관의 권한이 충분하다면 법률적으로 강제화된 재정준칙을 제정할 필요 없이 재정건전성 관리가 가능할 것이다. 그러나 재정지출에 대한 국회의 영향력이 매우 커졌고, 중앙예산기관을 배제하는 입법이 추진되기도 하고, 재정지출에 영향을 주는 의사결정 체계 내에도 재정지출을 확대하는 방향으로 유인구조가 형성되어 있으므로 이를 통제하기 위해서는 더 근본적인 재정준칙을 상위적 규범으로 강제하는 장치가 절대적으로 필요하게 된 것이다.

재정준칙은 국가채무, 재정수지, 재정지출 등의 총량적인 재정지표에 대하여 구체적인 목표 수치를 동반한 재정운영 목표를 법제화하는 재정운영 정책을 의미한다.[40]

주요 선진국의 경우 재정적자 축소와 국가채무 감축 등 재정운영 목표를 명시적인 재정준칙을 통해 설정하고 있다. 대표적으로 유럽경제통화동맹(EMU) 가입국들의 의무적인 이행조건을 담은 "안정과 성장에 관한 협약"(재정적자 3% 및 GDP대비 국가채무비율 60%가 목표)을 들 수 있다. 선진국들의 재정준칙을 살펴보면 헌법에서부터 예산법, 규칙, 심지어 단순한 내부규칙까지 그 법적 기반이 국가별로 큰 차이를 보이고 재정총량에 대해 한도 및 제한을 두는 방식도 매우 다양하다. 선진국들은 재정적자로 인한 재정건전성이 매우 큰 위기에 놓일 시점에 이러한 제도를 도입하여 운영하고 있다.

재정준칙의 실효성을 확보하기 위해서는 법제화하는 것이 효과적인 방법이나, 법제화 과정에서 고려할 요소가 많다. 재정의 기능 중 중요한 것의 하나가 경기에 대응하는 것이다. 그런데 재정총량 관리에 대한 준칙을 너무 경직적으로 하면 경기위축기에 적극적인 재정정책을 추진하기 어렵다는 반대론이 있다. 그러나 경기가 위축되는 상황은 일시적인 것이고 재정규모 관리는 상시적인 것이기 때문에 재정건전화를 위하여 재정총량에 대한 통제를 법제화하고 경기위축기의 재정운영에 대해서는 약간의 예외를 적용하는 방식으로 제도를 만들면 될 것이다. 더욱이 재정건전성이 악화되어 국가채무 비율이 매우 높아지면 재정위기 가능성으로 인해 경기위축기에도 재정정책을 아예 사용할 수 없게 된다. 재정은 위기 시 경제의 최후의 보루(last resort) 역할을 해야 하기 때문에 평시에는 다른 목표를 다소 희생하더라도 재정건전성 확보에 우선적인 중점을 둘 필요가 있다.

한편, 우리나라는 국내총생산(GDP)에 비해 복지지출 규모가 상대적으로 작으므로 경제발전에 따라 복지지출을 불가피하게 늘려야 한다. 이로 인해 재정총량 관리를 엄격히 적용할 경우 복지제도의 선진화에 부정적인 영향을 줄 수 있다는 주장이 제기된다.

향후 우리나라의 복지제도가 성숙되어 감에 따라 복지지출의 증가는 불가피할 것이다. 그러나 복지지출 확대와 관련해서는 그에 필요한 재원을 어떻게 마련할 것인지가 핵심 이슈가 된다.

재정준칙이 도입된 상황에서 조세부담 수준을 현행대로 유지하면서 복지지출을 늘린다면, 결국 복지 외 다른 분야의 지출을 줄이는 문제로 귀결된다. 반면, 재정수지를 기준으로 통제하는 방식을 적용하면, 복지지출 증가에 대응하기 위해 세율인상 등 국민부담 수준의 조정도 함께 고려할 수밖에 없다. 우리나라의 조세부담률은 아직 선진국에 비해 낮은 수준이므로 복지지출 확대 수요에 따라 세입증대 방안을 병행하는 것이 세대 간 형평성 측면에서도 더 합리적이라 할 수 있다.

재정총량 관리를 위한 계량적 재정준칙에는 국가채무, 재정적자, 재정지출을 대상으로 하는 방식이 있다. 국가채무의 한도를 설정하는 것을 국가채무 준칙, GDP대비 재정적자 비율이나 균형예산 달성을 목표로 하는 것을 재정수지 준칙, 지출 한도를 설정하는 것을 재정지출 준칙이라고 한다.

| 재정준칙의 구분 | 주요 내용 |
| --- | --- |
| • 국가채무준칙(Debt rule) | 국가채무에 대한 안정적 관리를 목표로 공공부문의 GDP대비 채무비율 상한선을 명시적으로 선정 |
| • 재정수지 준칙(Deficit rule) | 정부 재정수입과 재정지출 사이의 수지적자가 목표 재정변수이며 정해진 기간에 특정한 수치목표 혹은 범위를 충족해야 함 |
| • 지출준칙(Expenditure rule) | 정부지출 규모, 증가율 또는 GDP대비 비중제한 등을 통해 수지적자를 조정 |

〈표 5-1〉 재정준칙의 주요 내용

자료: 홍승현(2012), "글로벌 경제위기와 재정준칙"에서 재구성

각 재정준칙마다 장단점이 있으나 도입에서 유연성과 강제성을 동시에 확보하는 것이 중요한 기준이다. 평시에 재정규율로 작동할 만큼 지속성을 가지되 경기변동에 대해서는 유연성을 제공할 수 있는 예외를 허용해 주는 방안을 찾는 것이다.

재정지출 준칙은 다른 변수에 영향을 받지 않고 독립적으로 통제가 가능하며 경제성장률이나 재정적자 규모의 예측에 의존하지 않는다는 점이 장점이나 재정운영의 신축성은 크게 제한될 것이다. 재정건전성에서 가장 중요한 것은 경제의 능력대비 국가채무의 규모가 감당가능한가이다. 따라서 우리나라의 경우 GDP대비 국가채무의 비율 등을 통제하는 대안이 가장 현실적인 방안이 될 것이다.

GDP대비 국가채무비율은 그 자체가 직접 통제될 수 있는 대상이 아니라 재정수입과 재정지출의 결과이기 때문에 유일한 목표치로 설정되기는 어렵다. 국가채무는 매 연도 재정수지의 결과이기도 하므로 매해 재정수지 적자의 한도를 같이 설정하여 운영해 나갈 필요가 있는 것이다. 다만, 국가채무 및 재정수지 준칙의 경우 경기안정화 기능이 약해진다는 약점을 보완하는 방안을 함께 강구해야 한다.

경제위기 시 경기안정화 기능 보완은 추가경정예산을 효과적으로 활용하는 방법을 보완하면 될 것이다. 본예산은 1년 전에 편성되기 때문에 경기대응성을 시의적절히 맞추기 어렵다. 따라서 본예산은 재정준칙을 엄격히 준수토록 하고, 경제위기 등 경기대응의 필요성이 강한 경우만 추가경정예산을 편성토록 하고 이 경우 재정준칙에 약간의 예외를 두는 장치를 마련하면 된다.

지난 정부 기간 중 국회에 제출된 재정준칙 정부안은 국제사회에서 보편적으로 활용되는 재정수지 준칙을 원칙으로 하되, 채무지표를 보완적으로 활용하는 방안을 담고 있다.

우리나라의 경우 고령화 등 구조적인 요인으로 인해 국가채무비율이 지속적으로 상승할 가능성이 크기 때문에, 채무한도를 설정하기보다는 채무증가 속도를 관리하는 방식으로 재정준칙을 설계하였다. 정부안은 기본적으로 재정수지 적자 한도를 국내총생산(GDP) 대비 -3%로 관리하되, 국가채무가 GDP대비 60%를 초과할 경우에는 재정수지 적자 한도를 -2%로 축소하도록 규정하고 있다.

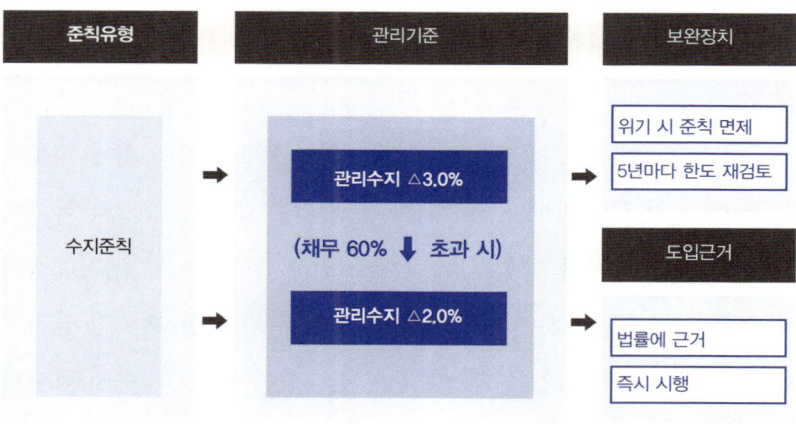

〈그림 5-1〉 재정준칙 주요 내용

자료: 기획재정부, 재정준칙 설명자료

한편, 전쟁, 대규모 재해, 경기침체 등 예외적인 상황이 발생할 경우에는 재정준칙의 적용을 면제할 수 있도록 하여 재정의 유연한 역할을 담보할 수 있도록 한다. 또한, 재정준칙의 실효성과 구속력을 확보하기 위해 시행령이 아닌 법률(국가재정법) 차원에서 관리 기준을 마련하도록 하고 있다. OECD 38개 회원국 중 대한민국과 튀르키예를 제외한 대부분이 이미 재정준칙을 운용 중이다. 이들 국가들 역시 전쟁, 대규모 재해, 경기침체와 같은 예외적인 상황이 발생할 경우 준칙 적용을 일시적으로 면제하는 조항을 함께 운용하고 있다.

이에 따라, 코로나19 위기가 발생한 2020년부터 2023년까지 대부분의 국가들은 해당 면제 조항을 근거로 확장적 재정정책을 추진한 바 있다. 최근 유럽연합은 코로나19 기간 동안 면제되었던 재정준칙을 기존보다 완화된 기준으로 조정하여 2024년부터 다시 적용하기로 회원국 간 합의를 도출하였다.

대한민국에서도 재정준칙 도입을 위한 법률안이 국회에 제출되었으나, 이전 국회에서는 의결되지 못하였다. 대의 민주주의 국가에서는 선거를 의식한 정치적 판단으로 인해 구조적으로 적자재정이 확대될 유인이 존재하기 때문에, 이를 제한하기 위한 제도적 장치로서 재정준칙 도입 법안은 재정현황을 반영하여 관리재정수지 적자한도 등의 관리기준을 일부 수정하더라도 반드시 국회에서 의결될 필요가 있다.

## 의무지출 증가에 대비하여: 재원조달 방안 입법의무화

재정준칙의 도입은 재정지출의 총량을 통제한다는 측면에서 일정한 의미를 가진다. 그러나 입법에 의해 의무지출이 급속히 증가할 경우, 재정총량의 통제는 결국 재량지출만 급격히 억제하는 결과를 초래할 수 있어 실효성이 약화될 가능성이 있다.

현재 우리나라의 재정구조는 법적 의무지출의 비중이 점차 커지고 있는 추세이다. 이는 급속한 인구 고령화로 인한 복지지출의 증가뿐만 아니라, 새로운 복지제도의 도입으로 인한 의무지출의 증가 가능성이 매우 크기 때문이다.

의무지출은 입법을 통해 지출의무가 발생하는데, 정부가 발의한 법률안의 경우에는 정부 내부에서 부처 간 협의를 거치며 일정 수준의 지출 통제가 가능하다. 그러나 국회의원이 발의하는 의원입법의 경우, 재정소요에 대한 추계만 있을 뿐 입법 자체를 통제하기 어려워 그로 인한 의무지출이 크게 증가할 가능성이 존재한다. 따라서 이러한 의무지출 확대를 효과적으로 통제하기 위해서는 미국에서 활용하고 있는 '페이고(PAYGO: Pay-as-you-go)' 제도의 도입을 검토할 필요가 있다.

새로운 의무지출을 수반하는 법안을 도입할 경우, 이에 상응하는 재원조달 방안을 함께 제시하도록 의무화함으로써 재정건전성을 유지하려는 장치이다.

즉, "법정지출 증가 또는 세입감소를 내용으로 하는 새로운 입법을 할 때는 반드시 이에 대응되는 세입증가나 다른 법정지출 감소 등 재원조달 방안이 동시에 입법되도록 의무화함으로써 재정수지에 미치는 영향이 상쇄되도록 하는 수입지출 균형"을 의미한다.[41] 페이고 제도는 일반적으로 재정적자를 유발하거나 증대시키는 재정입법 또는 흑자를 감소시키는 법안의 입법을 막으려는 수단이다. 의무지출은 일단 입법이 되면 그에 따른 재정지출 규모를 재정당국이 조정하기 어려운 성격을 지니기 때문에 재정건전성 측면에서는 중점적으로 관리할 필요가 있는 것이다.

이러한 페이고 제도는 1990년에 도입되어 미국의 재정건전성을 회복하는 데 상당히 기여한 것으로 알려졌다. 지난 1990년대 이후 예산통제를 목적으로 페이고 준칙이 사용되었고, 2002년까지 운영되고 한때 중단되었으나 2010년 오바마 대통령이 이 준칙을 법률상의 형식으로 다시 도입하였다.[42]

우리나라의 경우도 국가재정법에 의무지출과 재량지출을 구분[43] 하도록 규정하고 있다. 앞서 살펴본 바와 같이 복지지출의 확대와 의원입법 등에 의해 의무지출의 비중이 상대적으로 증가하고 있기 때문에 이를 통제하기 위해서는 의무지출에 대한 페이고 도입의 필요성이 커지고 있다고 하겠다. 페이고 준칙은 세대 간 부담의 공평화 정신을 바탕에 두고 있다. 근본적으로 법률에 의한 현세대의 지출결정은 미래세대의 부담으로 전가하지 말고 현세대 부담으로 재원을 마련하는 원칙인 것이다.

페이고 제도가 도입되면 향후 복지지출 확대 법안을 고려할 때

다른 분야의 대체 축소 가능성을 검토하거나 세입을 확대하는 방안을 함께 강구하게 될 것이다. 〈그림 5-2〉는 OECD 국가들의 복지지출과 국민부담률 사이의 관계를 나타낸다. 덴마크, 스웨덴, 핀란드 등은 복지에 대한 정부의 지출 비중이 상대적으로 크지만 국민부담률도 다른 나라들에 비해 큰 고부담·고복지 모형이다.

우리나라는 상대적으로 복지지출의 비중이 낮고 국민부담률도 낮은 편이다. 조세부담률과 국민부담률은 OECD 국가들 가운데 낮은 그룹에 속한다. 따라서 향후 복지지출이 확대됨에 따라 국민부담률을 어떻게 가져갈 것인가 하는 것이 중요하다.

〈그림 5-2〉에서 화살표 A(고부담·고복지) 방향으로 가되 중부담·중복지를 선택할 수도 있고 화살표 B(저부담·고복지)로 갈 수도 있다. 그러나 화살표 B는 현실적으로 복지 이외 여타 분야의 지출 규모를 줄이지 않으면 국가채무의 증가로 갈 수밖에 없는 선택이다. 만약 페이고 준칙의 도입이 없다면 의사결정자들의 유인구조상 국가채무의 증가를 통해 재원을 부담함으로써 후세대 부담을 증가시키는 방안이 균형점이 될 가능성이 높다. 따라서 이를 방지할 제도로서 페이고 준칙을 입법화할 필요가 있는 것이다.

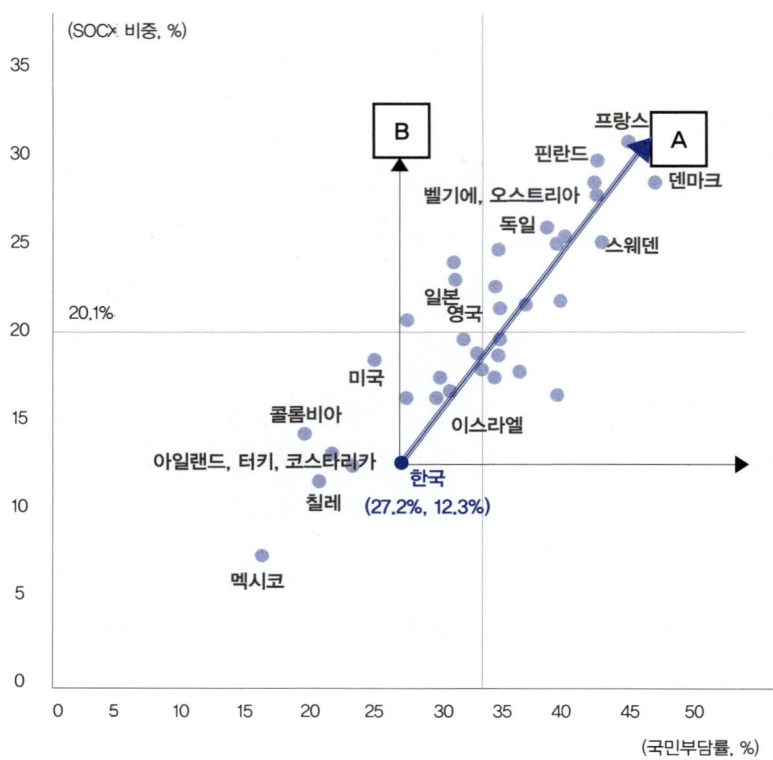

〈그림 5-2〉 국민부담률과 사회보장재정지출 비중(2019년 기준)

SOCX 비중(%) = 사회보장재정지출÷명목GDP×100
자료: OECD 통계를 바탕으로 재구성. https://data-explorer.oecd.org

## 인구구조 변화를 감안하여: 재원배분 효율화

저출생과 고령화의 인구구조 변화는 분야별 재원배분이라는 차원에서도 고려해야 한다. 저출생으로 학령인구는 줄어들고 고령화에 따른 노인복지 등 재정수요가 크게 확대되고 있다. 이를 감안할 때 기존의 재원배분 기준 중 효율화가 필요한 부분은 개선해야 한다.

대표적인 예시로 '내국세 연동형 지방교육재정교부금'의 개편 필요성은 오래전부터 제기되어 왔으나 아직까지 효과적인 개혁을 하지 못하고 있다. 내국세 연동형 지방교육재정교부금 제도는 초중등교육을 위해 내국세의 일정비율을 배정함으로써 우리 경제가 성장하던 시절에 우수한 인적자원을 양성하는 데 필요한 재원확보에 크게 기여하였다. 그러나 최근 저출생·고령화라는 인구구조의 변화가 빠르게 진행되고 있는 만큼, 이 여건에 맞는 효과적인 재원배분을 다 함께 생각해야 할 시점이 되었다.

지방교육재정의 재원은 중앙정부로부터 이전받는 교육교부금, 지방자치단체 전입금, 자체수입 등으로 구성된다. 2021년 결산 기준 지방교육재정의 총세입은 88조 1,000억원이며, 이 중 교육교부금이 61조 3,000억원으로 전체 세입의 약 69.6%를 차지한다. 교육교부금은 현재 내국세 총액의 20.79%와 교육세 세입 중 유아교육지원특별회계법 및 고등·평생교육지원특별회계법에서 정하는 금액을 제외한 일부를 재원으로 산정한다.

현행 교육교부금 제도는 초·중등 교육을 위한 재원으로서 세

수 증가에 따라 그 규모가 자동으로 늘어나는 구조를 갖고 있다. 그러나 저출생으로 인한 학령인구의 감소 등 인구구조 변화는 반영하지 못하고 있다는 점에서 재원 배분의 효율성 측면에서 문제가 제기된다.

즉, 경제규모 확대에 따라 세수가 증가하면서 교육교부금도 자동적으로 늘어나지만, 반대로 학생 수는 지속적으로 감소하고 있어 학생 1인당 교부금 규모는 지속적으로 증가하고 있다.

실제로 2000년 대비 2020년까지 학생 수는 약 32% 감소한 반면, 같은 기간 교육교부금은 약 131% 증가하였다. 이로 인해 1인당 교부금은 2000년에 비해 약 3.4배 수준으로 증가한 것으로 나타난다. 그런데 현재와 같은 내국세 연동 방식의 교육교부금 제도를 유지할 경우, 이러한 추세는 향후에도 계속될 가능성이 크다. 통계청이 2021년 12월에 발표한 장래인구추계에 따르면, 초·중등 학령인구는 2021년 약 544만 명에서 2030년 약 407만 명(2021년 대비 약 137만 명 감소), 2065년에는 약 257만 명(2030년 대비 약 150만 명 감소)으로 지속적으로 감소할 것으로 전망된다.

(단위 : 억원)

| 구 분 | 2000년 | 2010년 | 2015년 | 2020년 | 2025년 |
|---|---|---|---|---|---|
| · 교육교부금(A) | 224,233 | 322,980 | 394,056 | 553,722 | 722,792 |
| · 학생수(B) | 795 | 734 | 615 | 545 | 521 |
| · 1인당 교부금 (A/B, 만원) | 282.1 | 440.0 | 640.7 | 1,16.0 | 1,387.3 |

〈표 5-2〉 교육교부금 및 학생 수 추이

2023년 7월 감사원의 '지방교육재정교부금 제도 운영실태 감사보고서'에 의하면 현행 내국세 연동방식의 교육교부금 재원배분 제도를 그대로 유지할 경우 지속적인 경제성장과 세수의 확대로 교부금 규모는 2020년 49조 9,000억원에서 2070년에는 222조 6,000억원 수준으로 약 4.46배까지 증가할 것으로 전망하였다. 학령인구 감소까지 감안하면 1인당 교부금은 약 10.98배 늘어날 것으로 보았다.

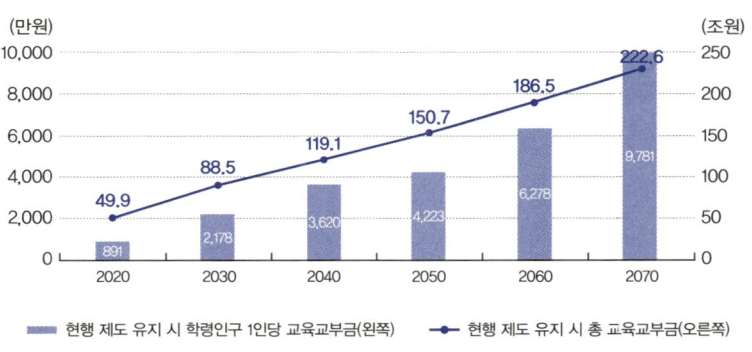

〈그림 5-3〉 현행 제도 유지 시 교육교부금 전망

자료: 감사원(2023년 7월), 〈지방교육재정교부금 제도 운영실태 감사보고서〉, 18쪽.

한편, 내국세 연동방식의 지방교육재정교부금은 학생 수의 추이와 상관없이 규모가 증가하는 측면도 있지만 경제의 변동에 따라 그 규모가 큰 폭으로 증감한다는 단점도 있다. 지방교육재정 지출 소요의 대부분이 인건비 등과 같이 경직성 경비라 세출의 변동은 크지 않은데 세입은 경제 여건에 따라 크게 변동하는 것이다. 2010년도 이후 지방교육재정교부금은 연평균 6.9%의 높은 증가율을 보이고 있다.

한편, 2018~2019년과 2021~2022년에는 전년에 비해 10% 이상 증가한 반면 2014~2015년에는 전년보다 교부금이 감소하기도 했다.

(단위 : 조원)

| 구분 | '10 | '11 | '12 | '13 | '14 | '15 | '16 | '17 | '18 | '19 | '20 | '21 | '22 | '23 |
|---|---|---|---|---|---|---|---|---|---|---|---|---|---|---|
| 본예산 | 32.3 | 35.3 | 38.4 | 41.1 | 40.9 | 39.4 | 41.2 | 42.9 | 49.5 | 55.2 | 55.4 | 53.2 | 65.1 | 75.8 |
| 추경 | – | – | – | – | – | – | +1.9 | +1.8 | – | – | △1.9 | +6.4 | +11.0 | – |
| 예산 계 | 32.3 | 35.3 | 38.4 | 41.1 | 40.9 | 39.4 | 43.2 | 44.7 | 49.5 | 55.2 | 53.5 | 59.6 | 76.0 | 75.8 |
| 세계잉여금정산 | +0.8 | +0.9 | +0.8 | – | – | – | – | +1.9 | +2.9 | +5.3 | +0.03 | +0.7 | +5.3 | – |

〈표 5-3〉 지방교육재정교부금 규모 추이
*자료: 기획재정부

지방교육재정교부금은 연도별 재원의 급격한 변동을 방지하고 재정운영의 예측 가능성을 높이기 위해 안정적인 시스템을 갖추는 것이 중요하다.

아울러 전체 재원의 효율적 활용이라는 관점에서도 개선이 필요하다. 저출생으로 인해 학령인구는 줄어드는 반면, 고령인구의 급격한 증가로 복지지출은 확대될 수밖에 없는 현실을 감안하면, 현재의 내국세 연동형 지방교육재정교부금 제도를 재검토하고 개편할 필요성이 있다.

예를 들어, 유보통합(유아교육과 보육의 통합) 추진 시 필요한 재원을 지방교육재정교부금을 통해 조달하는 방안, 우수한 초·중등 교원을 확보하기 위한 교원 처우 개선 등은 교육교부금의 목적에 부합하면서도 그 활용도를 높일 수 있는 방향이 될 수 있다.

또한, 오랫동안의 등록금 동결로 어려움을 겪고 있는 지방대학의 현실을 감안하여 지방교육재정교부금으로 지방대학을 지원할 수 있게 하거나, 인구구조 변화에 따른 자치단체 내의 재정상황을 감안하여 일반 지자체와 교육자치단체 간의 재정적 연계를 강화하는 방안 등 다양한 대안도 검토해 볼만 하다.

이 외에도 향후 인구 감소에 따라 조정이 필요한 예산 분야가 많을 것이다. 학령인구 감소에 따른 대학 학생 수 감소와 이에 따른 장학금 예산, 지방 인구 감소에 따른 도로 시설 예산, 군 입대 인력 감소에 따른 일부 국방 예산 등 다양한 분야에서 인구구조 변화를 사전에 예측하고 미리 대책을 세워 나감으로써 예산 낭비를 예방해야 한다.

## 초고령사회 대응을 위하여: 복지제도의 개편

저출생·고령화라는 인구구조의 변화는 여러 선진국이 경험하고 있는 중요한 현상이다. 시기와 속도의 차이는 있으나 저출생과 고령화로 경제활동인구가 줄어들고 노인인구는 늘어나 경제에 부정적 파급 영향을 미치고 있다.

### 국민연금개혁

특히 고령화로 야기되는 연금 재정위기를 극복하고자 대부분의 국가가 연금개혁을 단행하였거나 준비하고 있다. 이미 오래전부터 완만한 고령화를 경험한 국가들은 미래세대가 지게 될 엄청난 부담을 줄이고자 연금지급 개시 연령의 연장, 보험료 인상, 급여율 인하 등의 연금개혁을 단행했다.

최근 프랑스의 사례는 연금개혁을 추진 중인 우리에게 시사하는 바가 매우 크다. 프랑스 정부 발표에 따르면, 프랑스의 연금 시스템은 2022년까지 32억 유로 정도 흑자를 기록했으나 2023년부터 18억 유로, 2024년 80억 유로, 2046년에는 350억 유로까지 지속적인 적자 증가를 보일 것으로 전망되었다.[44] 개혁이 있기 전, 프랑스 연금 시스템 적자의 주된 원인은 인구 고령화와 기대수명 증가에 있다고 분석되었다. 가입자 중 은퇴자 수는 2022년 현재 1700만 명에서 2040년 2000만 명으로 증가할 것으로 예상되었으며, 은퇴자 1명당 연금 납입자 수가 1970년 3명, 2000년 2명, 2023년 1.7명 수준, 2050년 1.4명 수준으로 지속적으로 줄어들 것으로 전망되었다.

　프랑스는 은퇴 후 생존 기간이 남성은 23.3년으로 유럽연합 회원국 중 1위, 여성은 26.1년으로 회원국 중 4위에 해당(2022년 기준)했다. 기대수명은 긴 반면 개혁 이전의 연금 수급연령은 62세로 OECD 평균 수준이나 선진 유럽 국가들에 비해서는 낮은 편에 속했다.

　프랑스는 연금개혁 없이는 연금 시스템의 재정적 지속 가능성이 없으며, 장기적으로는 연금 수급액 감소와 은퇴자의 생활 수준 저하가 불가피하다고 보았다. 마크롱 대통령은 프랑스의 42개 업종별 연금 제도를 통합하고, 현행 퇴직 연령인 62세를 64세로 2년 연장하는 것을 골자로 한 연금개혁을 추진하였다. 프랑스 연금 제도는 총 42개의 연금 제도(régime)로 구성되어 있으며, 이 중 일부 특수 연금 제도로 인해 직종 간 불균형이 존재하였다. 따라서 연금개혁을 '정의를 위한 프로젝트(A project of justice)'로 간주하고 이를 추진한 것이다.

　당시 개혁을 반대하는 여론이 더 거셌고, 국회 통과도 확신할 수 없는 상황이었다. 이에 마크롱 대통령은 연금개혁이 후세대를 위해 반드시 필요하다는 판단에서 '정치적 이득보다 국가를 위한 선택'을 한다는 입장에서 정치생명을 걸고 연금개혁을 추진하였다.

　의회 통과가 불확실해지자 하원 최종 표결 직전, 하원 논의 없이 법안을 통과시키는 조치인 헌법 제49조 제3항을 발동하기로 전격 발표하였다. 정부법안 제출 후 24시간 이내 불신임 동의안이 상정되지 않거나, 불신임 동의안 상정 후 48시간 이내 가결되지 않으면 동 법안은 채택된 것으로 간주되는 것이었다. 이에 대해 하원 야당(국민연합당 등)이 정부 불신임안을 상정하였으나, 하원의 절대 과반수를 확보하지 못하여 부결되었다. 그 결과 정부의 연금개혁안이 의회에서 최종 채택된 것으로 간주되었다. 당시 이해관계자의 반대가 매우 큰 상황이었으나 미래를 위한 올바른 선택이라는 신념에서 강력한 정치적 리더십으로 연금개혁을 마무리한 사례였다.

연금의 지속가능성 확보라는 측면에서 우리나라에도 연금개혁은 필수 과제이다. 저부담-고급여의 연금구조도 재정위기의 한 원인이지만, 세계 최고의 고령화 속도는 연금개혁의 불가피성과 시급성을 가중시키고 있다. 2023년 3월 국회예산정책처가 펴낸 '공적연금개혁과 재정전망' 보고서에 의하면 우리나라 국민연금은 2039년에 최대 적립금 규모에 도달한 뒤 2040년부터 재정수지가 적자로 바뀌어 적립금이 감소하기 시작하고, 2056년이면 적립금이 완전히 소진될 전망이다. 적립금 소진 이후에도 재정수지 적자 규모는 지속 확대되어 GDP대비 재정수지 적자 비율은 2057년 이후 5%를 초과할 것으로 분석하고 있다.

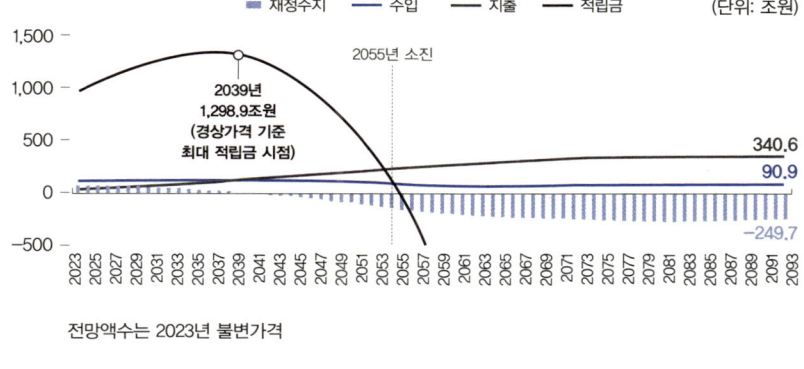

〈그림 5-4〉 국민연금기금 재정수지 및 적립금 전망

자료: 예산정책처(2023년 3월), 〈공적연금개혁과 재정전망〉, 19쪽

　　연금개혁은 현재세대의 안정된 노후를 보장하고 미래세대의 부담을 줄이기 위해, 현세대가 더 많은 부담을 감수함으로써 세대 간 형평성을 제고하고 현재와 미래세대 모두에게 이득을 가져오는 방향으로 이루어져야 한다. OECD는 국민연금의 지속 가능성을 높이고 은퇴 이후 소득 전망을 개선하기 위해 보험료 인상을 우선순위가 높은 개혁 과제로 제시한다. OECD에 속한 여러 국가들이 연금 수급 연령을 기대수명과 연계하여 점진적으로 상향 조정하고 있다. 예를 들어, 핀란드와 포르투갈은 기대수명이 증가할 경우 그 증가분의 3분의 2에 해당하는 기간만큼 연금 수급 연령을 연장하도록 되어 있다. 일부 OECD 국가들은 연금의 지속 가능성을 유지하고, 정치적 부담이나 빈번한 연금개혁의 필요성을 줄이며, 제도의 불확실성으로부터 연금을 보호하기 위해 자동조정기제를 도입하여 운용하고 있다.

연금제도 자동조정기제란 기대수명, 인구구조, 경제 및 재무 지표의 변화에 따라 퇴직 연령, 연금 수준, 기여율 등 연금 시스템의 주요 항목을 자동으로 조정하는 '사전에 정해진 일련의 규칙'을 의미한다. 현재 많은 OECD 국가들이 연금 자격 조건을 기대수명에 연동하거나, 임금 변화에 따라 연금 수준을 조정하는 방식으로 이 제도를 활용하여 연금제도의 지속 가능성을 높이고 있다.

이러한 선진국들의 연금개혁 제도를 벤치마킹하여 우리나라도 연금개혁을 지속적으로 추진해 나가야 한다. 우리나라는 2025년 3월, 정부가 '더 내고 더 받는' 국민연금법 개정안을 공포함으로써 18년 만에 연금개혁안을 확정하였다. 이번 개정안의 핵심 내용은 국민연금 보험료율을 현재 9%에서 13%로 4%포인트 인상하고, 소득대체율은 40%에서 43%로 상향 조정하는 것이다. 이 개정안에 따르면 국민연금기금의 소진 시기가 기존 2056년에서 2064년으로 8년 늦춰질 것으로 전망된다. 다만, 보험료를 낼 사람은 줄어들고 연금을 받을 사람은 늘어나는 저출생·고령화 상황에서, 이러한 '모수개혁'만으로는 연금제도의 지속 가능성에 대한 근본적인 해결책이 되기 어렵다. 따라서 '구조개혁'에 대한 지속적인 논의도 병행되어야 한다.

### 기초연금제도 개선

다음으로, 고령사회에 대한 또 다른 대비책으로서 기초연금제도의 개선을 고려할 수 있다. 만 65세 이상 노인중 소득과 재산이 일정 기준 이하인 사람들에게 매월 일정 금액의 연금을 지급하는 제도이다. 고령층의 생활안정을 돕고 노후 빈곤을 완화하는 것이 목적이다. 수급대상은 노인의 소득하위 70%이하까지이다. 기초연금은 소득과 자산을 고려한 소득인정액이 선정기준액(기초연금의 수급자격을 결정하는 상한선)보다 낮은 노인에 대해 지급된다. 기초연금의 2025년도 예산은 약 26조원(국비 22조원, 지방비 4조원)정도였다.

현행 선정방식에서 소득인정액 하위 70% 기준이므로 노인계층만의 소득분포를 기준으로 수급자가 선정된다. 따라서 노인들의 경제상황이 개선되더라도 선정기준액이 같이 상승하므로 노인의 70%는 항상 기초연금의 수혜를 받게 된다. KDI[45]연구에 따르면, 기초연금 선정기준액은 2015년에는 기준중위소득의 절반 수준이었으나, 노인의 경제적 상황이 개선됨에 따라 2025년에는 거의 기준중위소득 수준에 근접하게 되었다. 이는 현행의 선정방식에 의하면 과거에 비해 경제상황이 상대적으로 나아진 많은 노인들이 기초연금을 수급하고 있음을 의미한다.

우리나라는 고령화 속도가 매우 빨라 향후 노인 수가 급격히 증가하여 기초연금 수급자 수도 크게 늘어날 것이다. 실제로 기초연금 수급자는 2015년에는 200만 명 수준이었으나 2023년에는 650만 명으로 크게 상승하였다. 이에 따라 기초연금 예산도 2014년 6조 8,000억원에서 2023년에는 22조 6,000억원으로 대폭 증가하였다. 향후 노인 수가 급증할 경우 기초연금의 재정소요가 급격히 증가할 것이다. 따라서 기초연금 예산의 효율화를 위해서는 향후 기초연금을 빈곤노인에 초점을 맞춰 지급하는 식으로 전환할 필요가 있다. 기초연금

제도개편은 국민연금제도의 성숙도를 고려하여 검토해야 한다.

우리나라는 1998년도에 전 국민을 대상으로 하는 국민연금 제도를 도입하였고, 해가 갈수록 국민연금 수급률은 점차 높아지고 있다. 국민연금 수급의 확대에 따라 신규 노인세대의 빈곤율은 개선되고 있는 추세이다. 그럼에도 불구하고 현재 기초연금의 수급대상은 전체 노인의 70%로 설정되어 있어, 기초연금 수급자격의 기준이 되는 선정기준액이 기준 중위소득 수준에 근접할 정도로 높아지고 있다.

기초연금의 급속한 재정지출 확대 부담을 고려할 때, 향후에는 전체 노인가구 중 상대적으로 경제적 여건이 열악한 계층을 중심으로 기초연금 수급자 선정 방식을 개편할 필요가 있다. 즉, 기초연금 수급 대상을 사회 전체 기준에서 상대적으로 빈곤한 노인들로 점차 좁혀 나가는 방향으로 조정할 필요가 있다.

## 공유지의 비극을 방지하려면: 재정규율 권한 강화

근대적인 대의민주주의 국가에서 국가재정은 재정 공유지의 형태를 띠기에 필연적으로 '공유지의 비극'이라는 위험에 직면한다. 모든 국민을 위한 국가재정에서 공유지의 비극이 발생하지 않도록 막으려면 정치권의 무분별한 재정지출 시도를 막을 장치가 필요하다. 최근 국회의 영향이 실질적으로 강화되고 있고 재정부담을 늘리는 압박은 더 강해지고 있다. 그런데 국회는 득표를 중요한 가치로 생각하는 정치인들로 구성되어 있으므로 포퓰리즘적인 의사결정을 할 가능성이 매우 높은 것이 현실이다. 대규모 재정부담을 초래하는 입법들이 재정당국의 총량관리 범위를 넘어 대거 추진된다면 재정준칙의 도입을 통한 총량관리도 무의미해질 수 있다. 또한 국가재정법을 우회하는 특별법 제정을 통해 예비타당성 제도를 무력화하는 입법 추진도 재정건전화에 큰 장애물이 될 것이다. 따라서 높은 수준의 재정부담을 수반하는 입법에 대해서는 재정당국이나 입법부 내에서 견제장치가 같이 작동하도록 하는 시스템을 마련하는 것이 무엇보다 중요하다.

 1990년대 이후 의회와 행정부 간의 권력분립과 헌법제도적 관계가 재정규율, 국가채무, 재정수지 등 재정총량에 어떤 영향을 미치는지 국가 간 비교연구가 많이 진행된 바 있다. 요아힘 베너(Joachim Wehner)를 비롯한 일부 학자는 행정부 내 재정부와 같은 중앙예산기구(Central budget office)의 권한이 강할수록, 또 행정부가 제출한 예산안에 대한 의회의 수정권한에 강한 규율을 둘수록 재정의 지속가능성과 재정건전성을 효과적으로 관리할 수 있다고 주장한다.

 재정 분야의 저명한 학자 앨런 시크(Allen Shick) 교수는 의회의 재정권한 강화가 재정규율에 어떤 영향을 미칠지 두 가지 정반대 시나리오를 예상할 수 있다고 한다. 하나는 지출에 대한 강력한 총량규율로 행정부의 책임을 강화할 수 있다는 것이다. 반대로 의회 특성상 지역구의원 중심의 세출증액이 발생하여 행정부 예산안을 누더기(bombarding)로 만들 가능성도 있다고 한다. 앨런 시크 교수는 중앙통제지휘본부(central command and control post)로서의 중앙예산기관은 개별 부처의 이해관계에 얽매이지 않고 정부 전체의 관점에서 예산배분을 할 수 있고, 주관적인 기준이 아니라 사업의 효과성에 근거하여 배분할 가능성이 높으며, 재정규율을 저해하는 요인을 막을 규칙을 제정할 수 있는 등의 장점이 있다고 설명하고 있다.

국가채무는 빠르게 증가하고 있는데 국회의 권한이 강화되어 감에 따라 재정효율성 제고를 위한 재정규율 강화에 어려움은 더 커지고 있는 상황이다. 단순히 특정 정치체제나 권력구조가 더 나은 재정성과를 낸다고 단정 짓기는 어렵다. 하지만 적어도 재정권한에 한해서는 의사결정구조가 집중될수록 예산 과정 참여자들 사이에서 흔히 나타나는 지출 위주의 성향을 최소화하고 재정규율을 확립할 수 있다.

예산의 수혜자로부터 자유로울 수 없는 국회는 물론이고 각 부처들도 부처의 역할 강화 차원에서 각자에게 필요한 재정지출 확대를 요구하는 상황에서 이를 제어할 수 있는 유일한 기관은 중앙예산기관이다. 재정의 지속가능성 유지를 기관의 목표로 하는 중앙예산기관의 권한을 명확히 존중해 주고, 대규모 재정소요를 발생시키는 입법에 대한 견제장치로서의 역할과 권한을 부여해 주어야 급속한 국가채무의 증가 속도를 억제해 나갈 수 있을 것이다. '재정은 최후의 보루'라는 신념을 갖고 악역을 하는 중앙예산기관에 제대로 된 채무증가 제어장치의 시스템을 마련해 줘야 '공유지의 비극'과 '국채채무 증가로 인한 경제위기'의 도래를 막을 수 있을 것이다.

## 지속가능한 재정을 위하여 1: 강력한 재정개혁

재정의 지속가능성을 유지하기 위해서는 정부부문의 효율성을 제고할 수 있는 정부부문 개혁이 강력히 추진되어야 한다. 정부부문의 개혁은 크게 행정개혁과 재정개혁으로 구분된다. 행정개혁은 정부조직을 개편하고 인사제도를 개혁하는 것이고 재정개혁은 예산제도, 조세제도 및 회계제도를 개혁하는 것이다. 정부부문의 생산성과 경쟁력을 높이기 위해서는 행정개혁과 재정개혁이 필요하다.

정부가 효율적으로 운영되어야 국민의 복지를 증진하고, 불필요한 지출을 줄여 재정의 지속가능성을 확보할 수 있다. 또한, 변화하는 사회 환경에 발맞춰 정부의 역할과 기능을 혁신적으로 변화시킬 필요도 있다. 미국의 트럼프 2기 정부도 적극적으로 정부부문 개혁을 추진하고 있다. 정부효율부(Department of Government Efficiency)를 신설하여 정부인력과 재정에 대한 감축을 시도하고 있다. 정부부문에 기업의 시장원리를 적용하여 정부의 비효율을 걷어내겠다는 전략을 추진중이다. 실제로 정부효율부는 연방인력 구조조정, 연방계약 축소, 임대계약 처분, 보조금 삭감 등을 통해 상당 수준의 예산을 절감해 나가고 있다.

우리나라도 외환위기 직후인 김대중 정부 시절에는 기획예산위원회 산하에 정부개혁실이 있었고, 정부개혁실장(1급) 산하에 재정개혁단장, 행정개혁단장, 공공관리단장을 두고 대대적인 공공부문 개혁을 추진하기도 하였다. 문재인 정부 시절인 2019년에는 재정개혁특별위원회를 운영하여 재정개혁 보고서를 작성하기도 하였다. 기획재정부 차원에서는 재정 효율화를 위한 지출 구조조정과 재정개혁과제들을 추진해 나가고 있지만 획기적인 개선을 기대하기는 어려운 수준이다. 공공부문의 경우 새로운 행정수요의 발생에 대해서는 조직의 신설이나 예산의 추가 확대 등이 지속적으로 이루어지고 있지만 여건의 변화에 따라 기능이 축소되거나 재정투자의 필요성이 줄어드는 경우에도 이해 관계자의 반발 등으로 조직이나 예산을 효율적으로 하기 어려운 경우가 많다. 따라서, 향후의 재정지속성을 유지해 나가기 위해서는 공공부문의 효율성을 제고하기 위한 노력과 재정개혁을 추진해 나가야 한다. 다만, 이러한 개혁에는 강한 저항이 있어 개혁이 성공하기 힘들다. 따라서, 강하고 지속적인 재정개혁을 추진해 나가는 조직이 필요하다. 재정개혁의 책임을 부과하기 위해 기획재정부의 재정관리관을 재정개혁실장으로 개편하고 재정개혁을 강하게 추진해 나가는 역할을 맡길 필요가 있다.

## 지속가능한 재정을 위하여 2: 증세 논의

앞서 논의한 것처럼 고령화로 인한 복지지출의 증대, 국가채무의 증가와 이자율 인상에 의한 이자부담의 증가 등 필수적인 의무지출의 증가를 감안하면 세입확보 방안의 강구 없이 재정의 지속가능성을 유지하는 것은 불가능에 가깝다. 경제성장률이 높으면 세수도 증가하고 GDP대비 국가채무도 안정화될 수 있지만, 한국 경제는 기술향상과 자본축적 수준이 이젠 고도 성장기를 지나 저성장 기조로 들어가고 있어 높은 성장률을 기대하기 어렵다.

저성장 기조가 불가피하다고 보고 재정의 지속가능성을 유지할 해법을 찾아야 한다. 우리나라는 미국, 일본 등과 함께 OECD 국가들 중 조세부담률과 국민부담률이 낮은 그룹에 속한다. 조세부담률은 낮고 GDP대비 국가채무 비율이 높은 국가는 현세대의 지출을 현세대의 부담인 조세에 의존하지 않고, 국채발행을 통해 재원을 조달함으로써 후세대에 부담을 넘기고 있는 국가들이다. 복지지출의 확대와 세대 간 부담의 공평성 등을 감안하면, 미래세대가 부담하는 국채보다는 현세대가 부담하는 조세에 의한 재원확보에 노력해야 한다.

(단위: %)

|  | 한국 | 일본 | 미국 | 영국 | 프랑스 | 이탈리아 | 독일 | 스웨덴 | OECD 평균 |
|---|---|---|---|---|---|---|---|---|---|
| 2010 | 17.2 | 15.5 | 17.3 | 25.9 | 26.0 | 28.7 | 21.7 | 32.1 | 22.9 |
| 2020 | 20.0 | 19.8 | 19.4 | 25.4 | 30.5 | 29.1 | 22.9 | 33.4 | 24.3 |

*한국의 조세부담률은 2023년 19%, 2024년 18.9%로 더 낮아짐
*2022년 6월 한국은행 발표 2020년 확정 GDP 반영

〈표 5-4〉 OECD 주요 국가들의 조세부담률 비교
*자료: OECD Revenue Statistics 2022

세입을 확보하기 위하여는 부가가치세를 포함한 다양한 방안을 검토해야 한다. 2021년 기준, 한국의 국내총생산(GDP) 대비 소득세

비중은 6.1%로 OECD 평균인 8.3%보다 낮은 수준이다. 예를 들어, 미국은 11.2%, 일본은 6.2%, 독일은 10.5%, 프랑스는 9.5% 등의 수준이다.

소비세 비중도 주요 선진국에 비해 낮은 편이다. 부가가치세의 경우, 한국의 세율은 10%로, 2022년 기준 OECD 평균 세율인 19.3%에 비해 절반 수준이다. 영국과 프랑스는 각각 20%, 독일은 19%로 한국보다 훨씬 높은 세율을 적용한다.

OECD는 한국경제보고서에서 우리나라 부가가치세 세율이 OECD 평균의 절반 수준에 불과하고, 전체 조세부담률도 평균보다 낮다고 지적한다. 또한 고령화로 인한 재정지출 압력에 대응하기 위해 세입확대 방안을 적극적으로 고려해야 한다고 권고한다. 또한, IMF도 한국과의 연례협의회에서 한국의 부가가치세 세율이 10%로 선진국 평균 18.5%보다 낮다고 하면서 부가가치세 세율인상과 감면 합리화를 검토할 필요가 있다고 했다.[46]

재정의 지속가능성을 위해 필수적이지만 증세 논의는 정치적으로 매우 민감한 이슈이다. 국가를 유지하는 합법적 재원이 세금이지만, 개인의 재산에서 강제로 징수한다는 점에서 약탈적이다. 때문에 증세에 대한 조세저항은 매우 크고, 분배(증세)냐 성장(감세)이냐는 이념을 떠나 역사적으로 세금 인상은 정치권력의 무덤이었다. 1997년 일본 자민당의 하시모토 내각은 소비세를 3%에서 5%로 올렸다가 참의원 선거에서 패배해 총리가 퇴진했다.

영국에선 10년간 집권했던 '철의 여인' 마거릿 대처 총리도 1989

년 인두세를 도입했다가 정권을 잃었다. 캐나다의 멀로니 총리도 부가가치세를 전면 실시한 뒤 선거에서 져 1993년 정권을 내줬다. 이러한 정치적인 이유로 증세의 필요성에도 불구하고 아무도 용기 있게 증세를 주장하지 못하고 있다. 그러나 지금과 같이 재정지출 소요가 필수적으로 늘어가는 것을 감안하면 증세 논의는 반드시 해 나가야 하는 과제이다. 증세 문제는 정치권에서 꺼내기 어려운 이슈이지만, 재정의 지속가능성 유지를 위해서 반드시 해야 할 일이다. 물론 증세 이전에 세출을 효율적으로 구조조정하는 재정개혁을 우선 추진해야 하지만, 재정지출 효율화 노력은 기획재정부를 주도로 매년 추진하고 있는 일이다. 재정지출의 효율화만으로는 증가하는 재정지출 수요를 감당할 수가 없다. 더구나, 재정준칙이 도입이 되면 재정총량에 대한 재정준칙을 준수하기 위해서는 증가하는 재정지출 수요를 감당하기 위한 증세 논의도 필연적으로 시작될 수밖에 없을 것이다. 이러한 점을 감안하여 이제는 증세를 포함한 재정건전화 과제를 본격적으로 추진해야 할 때다.

모래에 머리를 박고 있는 타조처럼 현실과 다가올 미래를 회피해서는 재정상황만 악화시킬 뿐이다. 저출생, 초고령사회에서 비롯될 생산가능인구의 감소, 복지비용의 증가는 이미 당면한 현실 과제임을 인식하고 재정 불균형을 미리 점검하고 대비해야 한다. 저출생, 고령화의 영향이 아직 본격화되지도 않았음에도 불구하고 이미 재정수지는 악화되고 있다.

심각한 조세저항과 세대 간 형평 논쟁이 무서워서 회피할수록 현재세대는 더 많은 혜택을 누리고, 미래세대는 더 많은 부담을 지게 될 것이다. 내가 얼마를 상속해 줄 것인지를 고민할 것이 아니라 후손들이 얼마의 세금을 내지 않도록 할 것인가를 고민하는 생각의 전환이 필요한 시기이다. 불가피하게 늘어가는 재정수요에 대응하면서 재정의 지속가능성을 유지하기 위해서는 증세가 불가피함을 국민들에게 솔직히 설명하고 국민적 동의를 구해 나가야 한다.

## 맺음말

## 모두의 밝은 미래를 꿈꾸며

> "이 근본적인 진실을 잊지 말아야 합니다. 국가에는 국민이 직접 벌어들인 돈 말고는 어떤 재원도 없습니다. 정부가 더 많은 지출을 하려면, 결국은 여러분의 저축을 빌리거나 여러분에게 더 많은 세금을 부과하는 수밖에 없습니다. '다른 누군가가 대신 내주겠지'라고 생각하는 것은 잘못된 발상입니다. 그 '다른 누군가'는 바로 여러분 자신입니다. '공공의 돈'이라는 것은 없습니다. 존재하는 것은 오직 납세자의 돈뿐입니다."

이것은 영국의 수상이었던 마거릿 대처가 한 발언으로 재정운영에 대한 전통적인 생각을 대표적으로 나타내고 있다. 예산실에서 오랫동안 근무하면서 늘 이 말을 되새기곤 했다.

재정을 공공의 돈으로 인식하게 되면 '공유지의 비극'이 발생할 가능성이 높다. 정치가 상대방을 라이벌(Rival)로 생각해서 정책을 놓고 경쟁한다면, 인기가 없더라도 한정된 예산을 효율적으로 쓸려는 유인이 있을 것이다.

그러나 정치가 상대방을 적(Enemy)으로 생각한다면 정권을 잡기 위해서 재정을 표를 얻는 수단으로 활용할 것이고, 국민들에게 유익해도 인기가 없는 정책은 추진하지 않게 될 것이다. 실제로 많은 국가들에서 정치적 갈등이 커지면서 포퓰리즘적 재정운영이 보편화되고, 이로 인해 적자재정의 운영과 국가채무의 증가로 인한 위험이 커지고 있다. 채무는 미래의 소득을 현재로 당겨써서 투자와 소비를 촉진하는 역할을 하므로 성장을 가능하게 할 수도 있지만, 비생산적인 재정지출로 인한 과도한 국가채무는 금융위기와 버블을 초래할 수도 있다.

미국 클린턴(Clinton) 정부 시절 성장을 통한 재정 흑자전환을 이끈 로버트 루빈(Robert Rubin) 재무장관은 '생산적 투자를 통한 성장이 세입확대와 재정건전성의 핵심'임을 강조한 바 있다. 채무를 통한 재원조달은 성장의 마중물이 될 때만 지속가능하다는 의미일 것이다. 신뢰가 바탕이 되는 국가채무의 증가는 어느 수준까지는 문제가 없겠지만, 경제성장이 뒷받침되지 않으면 상환능력에 대한 신뢰를 상실하게 되면서 순식간에 경제위기로 발전할 것이다. 우리나라는 지금까지는 재정운영에 대한 신뢰가 유지되고 있는 상황이지만, 앞으로는 재정운영이 매우 어려워질 요인들이 산재해 있다. 다음 세대에게 경제 위기의 가능성이라는 부담을 떠넘기지 않으려면 단기적인 이해관계보다 국가의 미래를 우선할 필요가 있다. 정책 결정자들이 이러한 책임 있는 자세로 효과적인 재정운영을 뒷받침해 주기를 간절히 바라는 마음으로 이 책을 맺는다.

# 참고문헌

1. 감사원(2023), "지방교육재정교부금 운영실태", 감사보고서
2. 국민연금 재정추계전문위원회(2023), "제5차 국민연금 재정추계 결과"
3. 국민연금연구원(2024), "국민연금 중기재정 전망(2024~2028)"
4. 국회예산정책처, 2023회계연도 결산 재정총량분석
5. 권오성 외(2012), 「재정규율과 재정책임의 이론과 실제」, 대영문화사
6. 기획재정부(2022), "국채시장 발전 중장기 로드맵"
7. 기획재정부(2023), "해외 재정준칙 현황"
8. 기획재정부(2023), "재정준칙 도입방안 설명자료"
9. 기획재정부(2024), "공공기관 재무건전성"
10. 기획재정부(2024, 2025), 국채백서, 「국채 2023」, 「국채 2024」
11. 김규판 외(2014), "일본 재정의 지속가능성괄 재정규율에 관한연구", 대외경제정책연구원
12. 김빛마로(2024), "미국 재정적자 주요요인", 한국조세재정연구원
13. 김빛마로 외(2025), "IMF Republic of Korea 2024 Article Ⅳ Consultation", 한국조세재정연구원
14. 김세진(2011), "재정위기와 재정준칙 법제화 필요성", 「경제규제와 법」, 제4권 제2호
15. 김윤경 외(2025), "일본 초장기 국채금리 상승 배경 및 전망", 국제금융센터
16. 김준기(2020), 「국가채무」, 박영사
17. 김현아, 조희명(2022), "의무지출의 재정운용에 대한 연구: 복지 및 지방이전지출의 정합성 제고", 한국조세재정연구원
18. 김현철(2015), 「어떻게 돌파할 것인가」, 다산북스
19. 노진영, 임춘성, 채민석(2010), "국가채무의 부도사례가 남유럽 국가의 재정위기에 주는 시사점", 한국은행 조사국
20. 문재인 정부 국정백서(2022), 「K-경제, 회복을 넘어 도약으로」, 행복한 나무

| | | |
|---|---|---|
| 21 | 문지은(2015), "재정준칙 활용에 관한 주요국 사례분석", 예산결산특별위원회 | |
| 22 | 밀턴 프리드먼(2024), 「화폐경제학」, 한국경제신문 | |
| 23 | 보건복지부(2024), "제2차 국민건강보험 종합계획(2024~2028)" | |
| 24 | 손진석·홍준기(2023), 「부자미국 가난한 유럽」, 플랜비디자인 | |
| 25 | 안일환(2010), 「한국의 재정 2010」, 매일경제신문 | |
| 26 | 안일환(2013), "한국의 재정건전성 악화 영향요인에 관한 연구: 신제도론의 제도분석틀(IAD)을 중심으로", 가톨릭대학교 박사학위 논문 | |
| 27 | 앨런 시크(2005), 「미국연방예산론」, 한울 | |
| 28 | 왕양(2024), 「세계경제 패권을 향한 환율전쟁」, 도서출판 평단 | |
| 29 | 유시민(2011), 「국가란 무엇인가」, 돌베게 | |
| 30 | 이희재(2020), 「국가부도 경제학」, 궁리출판 | |
| 31 | 재경회·예우회(2011), 「한국의 재정 60년」, 매경출판 | |
| 32 | 존 메이너드 케인즈(2021), 「돈, 민주주의, 그리고 케인즈의 삶」, 로크미디어 | |
| 33 | 최성은, 김우현(2018), "인구고령화와 노인의료보장 재정정책에 대한연구", 「조세재정 Brief」, 한국조세재정연구원 | |
| 34 | 크리스토프 레너드(2023), 「돈을 찍어내는 제왕, 연준」, 세종서적 | |
| 35 | 탄소중립녹색성장위원회(2023), "탄소중립 녹색성장 국가전략 및 제1차 국가기본계획" | |
| 36 | 태가트 머피(2021), 「일본의 굴레」, 글항아리 | |
| 37 | 필립 바구스·안드레아스 마르크바르트(2025), 「왜 그들만 부자가 되는가」, 책읽어주는남자 | |
| 38 | 한국은행 런던사무소(2022), "영국 Growth plan 2022의 주요내용 및 금융시장 반응" | |
| 39 | 허경선(2023), "온실가스 감축인지 예산제도의 발전방향", 한국조세재정연구원 | |
| 40 | 홍성국(2014), 「세계가 일본된다」, 메디치미디어 | |
| 41 | 황성현(2024), 「시장의 힘, 정부의 지혜」, 도서출판 해남 | |
| 42 | Congressional Budget Office(2025), "The Budget and Economic Outlook: 2025 to 2035" | |
| 43 | Congressional Budget Office(2024), "The Federal Budget in Fiscal Year 2024: | |

An Infographic"
44  Department of The Treasury, United States(2025), "Financial Report of the United States Government"
45  IMF(2024, 2025), "Fiscal Monitor(2024)", "Fiscal Monitor(2025)"
46  John Blondal(2024), "Fiscal Risks, Fiscal Sustainability and Rethinking FIscal Rules". OECD
47  Ministry of Finance, Japan(2024.4), "Japanese Public Finance Fact Sheet"
48  Ministry of Finance, Japan(2024), "Debt Management Report"
49  OECD(2019), "Ageing and productivity growth in OECD regions: Combating the economic impact of ageing through productivity growth"
50  OECD(2022), "Population ageing and government revenue: Expected trends and policy considerations to boost revenue"
51  OECD(2023), 「Pension at a glance 2023: OECD and G20 indicators」, OECD Publishing
52  OECD(2023), "Japan's Case study on Fiscal situation and Budget discipline"
53  OECD(2022, 2024), 「OECD Economic surveys: Korea 2022」, 「OECD Economic surveys: Korea 2024」, OECD Publishing
54  OECD(2024), "Green Budgeting in OECD countries 2024"
55  OECD(2024), 「OECD Economic Surveys: United States 2024」, OECD Publishing
56  OECD(2024), 「OECD Economic Surveys: Japan 2024」, OECD Publishing
57  OMB(2025), Fiscal Year 2025 Budget of the US government
58  Peter G. Peterson(2024.6), "The Federal Government has borrowed Trillions. Who Owns All That Debt?"
59  Ray Dalio(2025), 「How countries go broke: The big cycle」, Avid Reader Press
60  Rouriel Roubini(2022), 「Megathreats」, John Murray Press
61  Stephanie Kelton(2021), 「The Deficit Myth」, John Murray Press
62  Yasuo Fujinaka(2023), "Fiscal Situation in Japan: The Long and Winding Road." Ministry of Finance, Japan

# 주(註)

1. G.H. Hardin의 논문에 나오는 개념으로 소유권 구분 없이 자원을 공유할 경우 나타나는 사회적 비효율의 결과를 의미한다. 공공성을 지닌 재화들 중 공유재(common pool resources: CPR)는 소비경합성(이용의 감소성)과 배제불가능성을 특징으로 하는 재화이다(Hardin, 1968; Ostrom, 2005).
2. 밀턴 프리드먼, 「화폐경제학」 한국경제신문, 2024.
3. 특정채권이나 기업, 국가의 부도위험을 제3자가 대신 부담해 주는 신용보험 계약을 신용부도스와프라고 하며, 동 계약에서 보장 제공자가 받는 보험요율을 신용부도스와프 프리미엄이라고 한다. 이 값이 높을수록 시장이 해당 국가 또는 기업의 신용위험을 높게 평가하고 있음을 나타낸다.
4. 화폐발행 당국이 화폐를 발행하면서 액면가액에서 발행비용을 뺀 만큼 얻는 이익을 의미한다.
5. 머스그레이브(R, Musgrave, 1959)가 재정의 기능을 세 가지로 나눈 이래 지금까지 가장 보편적인 구분체계로 사용되고 있다.
6. 국방서비스와 같은 것으로, 서비스의 대가를 내지 않더라도 소비 대상에서 배제할 수 없는 특성
7. J.S 밀은 자유를 중시하면서도, 실질적 평등과 사회적 정의를 위해 정부가 교육, 복지, 노동권 보호, 공공재 제공 등의 영역에서 적극적으로 개입해야 한다고 주장했다
8. 총수입= 일반회계수입+특별회계수입+기금수입-내부거래-보전거래
9. 총지출= 일반회계지출+특별회계지출+기금지출-내부거래-보전거래
10. 안일환, 2010: 96-97
11. 한편, 이러한 기준과는 별개로 정부부문의 재정건전성을 분석하기 위해서는 정부채무의 범위를 현금주의에 한정하지 않고 가능한 한 넓게 설정하는 것이 좋다는 견해도 있다(윤건영 나성린, 2000: 165).

12   국고채무부담행위는 국가가 법률에 따른 것과 세출예산금액 또는 계속비 총액 범위 안의 것 외에 채무를 부담하는 행위다. 재정사업이나 공사의 발주계약은 당해 연도에 체결해야 하나 지출은 다음 연도에 발생할 때 활용된다.(안일환, 2010: 64.)
13   현금주의: 현금의 변동이 있을 경우 거래를 기록하는 회계처리 방식
14   발행주의: 경제적 거래가 발생하는 시점에 거래를 기록하는 회계처리 방식
15   첨가소화: 주택, 자동차, 항공기 등을 구매할 때 의무적으로 매입(매수)해야 하는 채권으로 일반인들에게 공공적인 목적으로 강제적으로 매입(소화)시키는 방식을 말한다.
16   IMF working paper (2010), Fiscal Deficits, Public Debt, and Sovereign Bond Yields
17   조세연, '개인투자용 국채상품 도입방안(2021.9)' 연구보고서
18   Japanese Public Fact Sheet 각 연도.
19   미국 노동통계국, 2019년 4분기에서 2024년 4분기까지 비농업 분야 생산성 변화를 1.9%로 발표(2025.03.06)
20   간략히 계산해 보면, 생산성 향상으로 인한 GDP 증가분 (GDP*0.019) 〈 국가채무 이자비용(GDP*1.2*0.04=GDP*0.048)〉
21   이준구, 2012, "미국의 감세정책 실험: 과연 경제 살리기에 성공했는가?", 경제론집 제51권 제2호
22   연합뉴스, 2017년 11월 재인용.
23   이자지출 및 국방비 규모는 각 연도 US National Budget: Infographic. 참고
24   Peter G. Peterson(2025), "America's National Debt Challenge"
25   국회예산정책처(2024), 2023회계연도 결산 재정총량 분석, p. 75.
26   국가채무의 성격에 따라 적자성 채무와 금융성 채무로 구분하기도 한다. 적자성 채무는 향후 조세 등 국민부담으로 상환해야 하는 채무를 말하며 금융성 채무는 대응자산이 있어 재정의 추가 부담 없이 자체 상환이 가능한 채무를 말한다.
27   예산회계법 제5조(국가의 세출재원의 근거): 국가의 세출은 국채 또는 차입금(외국정부, 국제협력기구 및 외국법인으로부터 도입되는 차관자금을

포함한다). 이 외의 세입(歲入)으로서 그 재원으로 하여야 한다. 다만 부득이한 경우에는 국회의 의결을 얻은 금액의 범위 안에서 국채 또는 차입금으로 충당할 수 있다.

28  변양균(2002), "한국재정의 지속가능성 분석과 재원배분의 비최적성 치유에 관한 연구". p23-24.
29  안일환. 2010: 240-241.
30  여기서 각 정부 기간별 국가채무 증가규모는 각 정부의 임기와 예산상 회계연도가 일치하지 않아 편의상 예산편성 기간 기준으로 정리해 본 것이다.
31  재경회 예우회, 2011: 270.
32  관리재정수지는 -104.8조원 적자인데, 국가채무 비율이 줄어든 것은 기금여유자금 활용, 국가채무 중 금융성 채무보다 적자성 채무가 크게 증가
33  2000~2020년 연평균 실질GDP 성장률: (한국) 3.9%, (OECD) 1.7%
34  한국의 최근 경제성장률: (2022년 2.6%, 2023년 1.4%, 2024년 2%)
35  OECD(24.4), "OECD 국가들의 녹색예산제도 2024"
36  국회예산정책처(2024), 2023회계연도 결산 재정총량분석, p. 66.
37  조세수입에 국민연금보험료, 국민건강보험료 등 사회보장기여금을 합해서 GDP대비 비중을 구한 것.
38  특이하게 2020년과 2021년에 의무지출의 비중이 일시적으로 감소된 것은 이 기간 중 코로나19 팬데믹에 대응하는 과정에서 재량지출이 일시적으로 급증함에 따른 것으로 예외적인 것이다.
39  "예산 당국이 외환위기 이전까지 균형예산원칙을 크게 강조하고 이를 지키려 엄청 노력했다는 것이다. 지도자와 예산당국이 적자예산을 편성하면 무슨 큰일이 나는 것으로 인식하고 있었다."(최광, 2011: 11).
40  Anderson, 2006. 재정준칙에 대한 논의는 권오성, 김관보, 하연섭 외(2012) 「재정규율과 재정책임의 이론과 실제」 참조.
41  김도승(2010), "미국 예산절차에 있어 PAYGO 준칙", p. 313.
42  이은경(2011), "주요국의 재정건전화 방안".
43  국가재정법 제7조(국가재정운영계획의 수립 등)의 4 재정 규모 증가율 및 근거: 의무지출의 증가율 및 산출내역과 재량지출의 증가율에 대한 분야별 전망과

근거 및 관리계획을 포함하도록 규정
44　프랑스 퇴직연금정책 심의회(Conseil d'orientation des retraites: COR) 보고서(2022년 9월)
45　김도헌, 이승희, "기초연금 선정방식 개편방향", KDI FOCUS 2025 Vol. 139.
46　김빛마로 외(2025), "IMF Republic of Korea 2024 Article 4 Consultation", 한국조세재정연구원, p.43.

## 국가채무와 경제위기

**초판 1쇄 발행일** 2025년 9월 1일
**초판 2쇄 발행일** 2025년 10월 17일

**지은이** 안일환

**발행인** 조윤성

**편집** 김화평 **디자인** 서진아 **마케팅** 박주미

**발행처** ㈜SIGONGSA **주소** 서울시 성동구 광나루로 172 린하우스 4층(우편번호 04791)
**대표전화** 02-3486-6877 **팩스(주문)** 02-598-4245
**홈페이지** www.sigongsa.com / www.sigongjunior.com

글 ⓒ안일환, 2025

ISBN 979-11-7125-849-9 03320

이 책의 출판권은 ㈜SIGONGSA에 있습니다. 저작권법에 의해
한국 내에서 보호받는 저작물이므로 무단 전재와 무단 복제를 금합니다.

*SIGONGSA는 시공간을 넘는 무한한 콘텐츠 세상을 만듭니다.
*SIGONGSA는 더 나은 내일을 함께 만들 여러분의 소중한 의견을 기다립니다.
*잘못 만들어진 책은 구입하신 곳에서 바꾸어 드립니다.

─┌ **WEPUB** 원스톱 출판 투고 플랫폼 '위펍' _wepub.kr ┐─
위펍은 다양한 콘텐츠 발굴과 확장의 기회를 높여주는
시공사의 출판IP 투고·매칭 플랫폼입니다.